희망 없는 현실 속 작은 성공
스마트스토어 월 매출 4천만원

잘 파는 영업비밀
그대로 따라하기

유예 향기 지음

킴예스
KIMYES

| 프롤로그 |

불확실한 코로나 시대, 돈은 누구에게나 화두
희망 없는 현실 속 작은 성공, 스마트스토어!

19세에 오디션을 봐서 아이돌 가수 그룹의 한 멤버로 가수 활동을 시작했습니다. 가수가 꿈이었기에 죽으라 열심히 하면 잘 될 줄 알았습니다. 기약 없는 미래에 3년을 쏟아붓고 꿈을 접었습니다. 돈 없고 배고프면 꿈도 사치라는 사실을 깨달았기 때문입니다.
가방끈 짧고 배운 기술이 없어서 닥치는 대로 일했습니다. 죽으라 열심히만 하면 잘 먹고 잘살 줄 알았습니다. 개뿔! 희망 없는 현실을 벗어나고자 5년간 몸부림치는 과정에서 기적적으로 스마트스토어를 만났고, 지금은 스마트스토어 때문에 작은 성공을 이루게 되어 행복

합니다.

희망 없는 현실 속 작은 성공, 스마트스토어 월매출 4천만원 ≪잘 파는 영업비밀 그대로 따라하기≫를 쓴 저자의 이야기입니다.
20~30대의 가장 핫한 부업으로, 투잡으로, 창업으로 유행처럼 번지고 있는 스마트스토어! 누구나 쉽게 시작할 수 있지만, 누구나 다 잘 될 수는 없는 게 현실입니다. 남들과 똑같이 하는 위탁판매, 닥등(닥치고 상품 등록), 차별성 없는 똑같은 상품, 똑같은 상품 이미지.
돈은 벌고 싶다면서, 잘 팔 수 있는 자신만의 아이템과 방법으로 차별성을 찾는 데 고민의 시간과 노력을 쏟아붓지도 않으면서, 과연 하루 2시간 투자로 월 300만원 벌기가 가능할까요?

저자 역시 25살에 자본금 80만원으로 부업의 수단으로 스마트스토어를 시작했지만, 두 번이나 실패하고 접었습니다. 실패의 원인은 사입, 위탁판매, 구매대행 등의 경험을 하면서 남들과 똑같은 방식으로 무작정 열심히 하는 것으로는 '성과'를 낼 수 없다는 사실을 깨닫고 남들과는 다른 아이템과 방법을 찾기 시작하면서 잘 파는 블루오션 셀러가 되었습니다.

이미 포화상태인 온라인 쇼핑몰의 레드오션 시장 속에서 저자가 찾은 매출 상승을 부르는 블루오션은 ① 상품명 키워드 ② 섬네일 ③ 상세페이지 ④ 네이버 쇼핑 검색 광고, 이 네 가지입니다.
이 네 가지를 남들과 다른 시각으로 접근해서 차별점을 찾은 것이 전부라고 말합니다.

대부분 스마트스토어 초보 셀러의 고민은 이렇습니다.

"어떻게 해야 잘 팔릴까요?"
"어떻게 해야 매출이 오를까요?"
"어떻게 해야 고객의 방문이 늘어날까요?"
"어떻게 상품명의 키워드를 잡아야 노출이 될까요?"

이런 고민에 대한 해결책으로 저자는 다음 네 가지를 제시합니다.

① 노출을 위한 상품명 키워드 찾기
② 클릭을 부르는 차별성 있는 섬네일 만들기
③ 구매 전환을 부르는 차별성 있는 상세페이지 만들기
④ 저비용, 고효율 전략으로 네이버 쇼핑 검색 광고 활용하기

이 네 가지가 스마트스토어 레드오션 시장 속에서 잘 파는 블루오션 셀러가 되기 위한 가장 기본이면서 전부라고 합니다. 하지만 대부분 초보 셀러들이 간과하고 있는 것, 소홀히 하는 것, 틀리게 하는 것이

기도 합니다.

그래서 이 책은 이런 초보 셀러에게 특히 유용합니다.

"스마트스토어 오픈한지 한 달인데 주문 1도 없어요."

"3개월 동안 7개 팔았어요."

"왜 안 팔리는 모르겠어요."

"고객 유입이 없어요."

"어떻게 해야 할지 도저히 갈피를 못 잡겠어요."

"매출이 있어도 마진이 너무 낮아서 힘들어요."

희망 없는 현실 속 작은 성공, 스마트스토어 월매출 4천만원 《잘 파는 영업비밀 그대로 따라하기》 책 속에는 지금까지 아무도 알려주지 않았던 저자만의 독특한 잘 파는 성공 노하우가 고스란히 다 담겨 있습니다. 원래 컨설팅받는 분들에게만 알려줬던 비싼 정보였지만, 성과를 내는 사람들이 많아지고 그들이 좋아하는 모습을 보면서 더 많은 사람의 작은 성공에 보탬이 되고자 선한 마음에서 마침내 세상에 나오게 되었습니다.

이 책에서 알려주는 잘 파는 영업비밀을 그대로 따라 하고 실행하면 평범한 사람이 이룰 수 있는 작은 성공의 불씨를 가장 빠르게 얻을 수 있다고 저자는 말합니다.

'다른 사람을 이롭게 하면 결국 나 자신이 이로워진다.'라는 자리이

타(自利利他) 말처럼 이 책을 통해서 작은 성공의 불씨들이 여기저기서 일어나기를 진심으로 바랍니다.

> 저자의 말

지금까지 아무도 알려주지 않았던 '블루오션 키워드'

저는 19세에 아이돌 그룹 가수로 데뷔해서 기약 없는 가수 꿈에 3년을 쏟아붓고 번 돈이 40만원이었습니다. 그래서 일찍부터 돈이 없으면 행복하게 살 수 없다는 사실을 깨닫고 돈을 벌기 위해 닥치는 대로 죽으라 일했습니다. 그런 과정에서 스마트스토어를 만나게 되었고 자본금 80만원으로 시작하게 되었습니다.

1년 6개월 기간 동안 두 번을 망하면서 남들과 똑같은 방식으로, 무작정 열심히 하는 것으로는 '성과'를 낼 수 없다는 사실을 깨닫고, 그때부터 남들과 다른 아이템과 방법을 찾기 시작하면서 마침내 저만의 잘 파는 블루오션을 찾게 되었습니다.

돈이 없어서 힘들고, 배고프고, 상처받았던 과거의 저와 비교하면 스마트스토어가 만들어준 지금의 저의 작은 성공은 꿈만 같습니다.

아시겠지만, 스마트스토어는 지금 엄청난 포화상태의 레드오션 시장입니다. 그래서 스마트스토어로 하루 2시간 투자하고 월 3백만원 버는 일은 유튜브 여기저기에서 들리는 무성한 소문처럼 초보 셀러에게 결코 쉽게 일어날 수 있는 일은 아닙니다. 하지만 이런 레드오션 시장 속에서도 블루오션을 찾아 성공하는 셀러도 있습니다. 그들은 왜 이런 포화상태의 레드오션 시장 속에서 승승장구하고 있는 걸까요?

"왜 그들은 되고, 나는 안될까?"
"왜 그들은 잘 팔고, 나는 못 팔까?"
"그들과 나의 차이점은 뭘까?"

레드오션 시장 속에서 잘 파는 블루오션 셀러가 되고 싶다면 위의 질문부터 스스로 먼저 해보시기 바랍니다. 이런 질문에 답을 찾기 위해 고민하는 시간이 길어지면, 마침내 '남들과 차별화된 나만의 뭔가가 있어야겠다'는 답에 도달하게 됩니다.

이 책에서 알려주는 스마트스토어 성공 공식은 여러분이 이미 도출

한 답안처럼 '남들과 차별화된 나만의 뭔가'를 다음 네 가지를 통해서 만들어가는 과정입니다.

① 노출을 위한 상품명 키워드 찾기
② 클릭을 부르는 차별성 있는 섬네일 만들기
③ 구매 전환을 부르는 차별성 있는 상세페이지 만들기
④ 블루오션 키워드로 저비용 고효율의 네이버 쇼핑 검색 광고 활용하기

물론 이 책에서 알려주는 방법이 100% 정답은 아닙니다. 월매출 수억원을 찍는 분들이 보면 너무 평범해서 코웃음 칠 수도 있지만, 정보란 공유해야 그 가치가 커진다고 믿기 때문에 제가 직접 경험하고, 실패하고, 많은 시행착오를 겪으면서 터득한 제 경험치의 노하우입니다. 그래서 이런 저의 경험이 스마트스토어를 처음 시작하는 초보 셀러에게는 좋은 밑거름이 될 수 있을 거라는 믿음에서 이 책을 쓰게 되었습니다.

이 책은 스마트스토어로 희망 없는 현실 속 작은 성공의 불씨를 만드는 방법에 대해서 알려주는 책입니다.
이 책에서 반복해서 강조하는 스마트스토어 매출 상승의 성공 비결은 ① 상품명 키워드 찾기, ② 남들과 다른 섬네일 만들기, ③ 남들과

다른 상세페이지 만들기, ④ 블루오션 키워드로 저비용 고효율의 네이버 검색 광고 활용하기, 이 네 가지뿐입니다.

이 네 가지가 잘 파는 영업비밀의 전부이기 때문에 이 책에서 알려주는 그대로 따라 하고 실행하면 성과가 나타나기 시작할 것입니다.

아무쪼록 이 책을 통해서 먼저 경험한 사람으로서 제가 겪었던 불필요한 시행착오와 실패 없이 모두가 작은 성공의 불씨를 얻어 행복하기를 진심으로 바랍니다.

끝으로 너무도 부족한 저 때문에 이렇게 좋은 책을 만들어 주시느라 밤낮 주말도 없이 이 책 작업에 모든 수고를 다 쏟아부으신 대표님께 진심으로 고개 숙여 감사드립니다.

유예 향기

차 례

프롤로그

저자의 말

PART 1 희망 없는 현실 속 작은 성공, 스마트스토어

01 스마트스토어를 당장 시작해야 하는 이유	19
02 스마트스토어 두 번 망한 나의 실패 경험담	23
03 초보 셀러를 위한 광고전화 사기 피하는 법	27
04 블루오션 마인드 세팅	31
05 스마트스토어 매출 증대를 위한 기본 세팅	39

PART 2 잘 팔기 위한 스마트스토어 기본 세팅

01 내 스마트스토어 분석하기   51
02 고객 유입이 없다   56
03 상품 차별성이 없다   60
04 섬네일 차별성이 없다   65
05 상세페이지 차별성이 없다   71
06 상품 검색이 안 된다   81

PART 3 잘 파는 영업비밀 그대로 따라하기

01 내 스마트스토어 가치 부여하기   95
02 상품 소싱하기 전에 키워드부터 찾기   101

03 아이템 역소싱 키워드 찾기　　　　　　　　110

04 상위 노출을 위한 블루오션 키워드 찾기　　125

05 블루오션 키워드로 광고효율 높이기　　　　130

06 블루오션 키워드로 판매 물꼬 트기　　　　133

07 블루오션 키워드 찾기 실전　　　　　　　　141

PART 4 매출 상승을 높이는 디테일 완성하기

01 쇼핑몰 피드의 중요성　　　　　　　　　　153

02 쇼핑몰 콘셉 잡기　　　　　　　　　　　　157

03 클릭을 부르는 섬네일 만들기　　　　　　　161

04 구매 전환을 부르는 상세페이지 만들기　　166

PART 5 잘 파는 블루오션 셀러가 되기 위한 실전

01 실전 1단계: 트렌드 파악하기   185

02 실전 2단계: 블루오션 키워드 찾기   188

03 실전 3단계: 블루오션 상품 소싱하기   194

04 실전 4단계: 섬네일 콘셉 잡기   197

05 실전 5단계: 상세페이지 한 끗 만들기   200

06 실전 6단계: 네이버 검색 광고 활용하기   204

PART 6 평범한 그들이 보여준 성공사례

01 첫 번째 성공사례 (월매출 7백만원)   211

02 두 번째 성공사례 (월매출 2천만원)   217

03 세 번째 성공사례 (월매출 5백만원)   223

04 네 번째 성공사례 (월매출 8백만원)

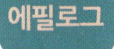 작은 성공의 불씨는 이미 시작되었다

PART 1

희망 없는 현실 속 작은 성공, 스마트스토어

01

스마트스토어를 당장 시작해야 하는 이유

"어느 누구는 위탁판매로 월 천만원을 벌었다는데."
"어느 누구는 대량 등록으로 월 매출 1억원을 찍었다는데."
"어느 누구는 구매대행으로 월 4천만원 매출을 찍었다는데."
"어느 누구는 위탁판매 닥등(닥치고 상품 등록)으로 월 5백만원 이상을 벌었다는데."

스마트스토어 관련 유튜브에만 들어가면 여기저기서 이런 소리가 들려옵니다. 다들 이렇게 돈을 잘 벌고 있는데 나만 뭐하나 싶어서 가만히 있을 수가 없습니다. 괜히 마음만 급해집니다. 그래서 구체적인 준비나 계획 없이 일단 스마트스토어 개설부터 합니다.
그런데 현실은 어떻습니까?

누구나 쉽게 시작하는 스마트스토어지만, 누구나 다 잘 되는 것은 아닙니다. 그래서 처음에 품었던 희망찬 기대는 어느새 사라지고, 대신에 좌절감만 느끼게 되어 결국 포기하게 됩니다.

그럼에도 불구하고, 저는 무조건 스마트스토어를 시작하라고 말씀드리고 싶습니다. 왜냐하면 스마트스토어는 제가 알고 있는 돈 버는 방법 중에서 80만원~100만원 정도의 최소 자본금만으로도 돈을 벌 수 있는 가장 좋은 창업 플랫폼이기 때문입니다.

스마트스토어가 왜 좋은지 예를 들어 볼까요?

여러분이 스마트스토어가 아닌, 자사몰 온라인 쇼핑몰을 시작한다고 하면 적잖은 비용뿐만 아니라 혼자서 일일이 준비하고 신경 써야 할 일이 너무 많습니다. 즉 홈페이지도 만들어야 하고, 결제 시스템도 붙어야 하고, 서버 호스팅도 빌려야 합니다. 하지만 스마트스토어는 이런 준비나 비용이 전혀 필요 없습니다. 심지어 호스팅이나 트래픽, 도메인도 필요 없습니다. 돈 한 푼 안 들이고 자신이 직접 정한 쇼핑몰 이름과 도메인 주소로 처음부터 자신만의 브랜딩을 만들어 시작하기에도 더할 나위 없이 좋은 온라인 쇼핑몰이 바로 스마트스토어입니다.

이런 예는 또 어떤가요?

저는 아직 부동산은 잘 모르지만, 부동산에 투자하는 분들 말씀을 들어보면 최소 지방에 오래된 1억 짜리 아파트를 사서 월세라는 현금흐름을 만들기 위해서도 최소 2~3천만원의 자기 자본금이 필요하다고 합니다. 그리고 보증금 1000만원에 월 50만원 월세를 받는다고 해도 대출이자와 각종 비용과 세금을 제하고 나면 월 순수익이 10~15만원 정도밖에 안 된다고 합니다.

이렇듯 큰 금액의 자기 자본금이 들어가는 부동산 투자와 비교해봐도 스마트스토어는 돈이 거의 들어가지 않습니다. 게다가 상품을 잘 팔기만 하면 큰돈을 투자하지 않고도 현금흐름을 꼬박꼬박 가져올 수 있는 든든한 파이프라인이 될 수 있는 게 바로 스마트스토어입니다. 안 할 이유가 전혀 없습니다.

물론 처음부터 금방 스마트스토어로 현금흐름을 창출할 수는 없겠지요. 하지만 전자 상거래 중심의 비즈니스가 일상이 된 현시점에서 온라인 쇼핑몰 시스템이 어떻게 돌아가는지 제대로 알게 되면 스마트스토어로 현금흐름을 창출하는 것은 시간문제입니다. 다만, 빨리 시작해서 금방 성과를 내겠다는 조급한 마음은 버리고, 대신에 제대로 준비해서 잘해보겠다는 의지와 노력만 있으면 됩니다.

스마트스토어와 관련된 각종 필요한 교육자료와 동영상 강의는 네이버 스마트스토어(http://sell.smartstore.naver.com), 네이버 TV(http://tv.naver.com), 네이버 파트너 스퀘어(http://partners.naver.com)를 잘 활용하면 많은 도움을 받을 수 있습니다.

02

스마트스토어 두 번 망한 나의 실패 경험담

저는 스마트스토어 쇼핑몰을 두 번 망하고 세 번째에 일어섰습니다. 물론 처음 스마트스토어를 시작하고 두 번 망할 때까지 저의 모든 시간, 노력, 열정을 스마트스토어에 다 쏟아부었습니다. 남들 하는 대로 열심히만 하면 주문이 들어오고, 매출이 일어나고, 수입이 늘어날 거로 생각했습니다. 그래서 하루 2~3시간 쪽잠을 자면서도 힘든 줄 몰랐습니다. 왜냐하면 노력하고 애쓰면 그만큼 성과가 나타나고 보상이 주어진다고 생각했기 때문입니다. 하지만 결국 '실패'라는 결과가 나왔을 때, 어떤 심정인지 다들 잘 아시잖아요. 자신감은 1도 없고, 자존감은 바닥을 치고, 무엇보다 '나는 해도 안 되는 사람인가?'라는 자책의 생각 때문에 한동안 힘들었습니다. 하지만 스마트스토어가 망했다고 해서 다른 오프라인 사업처럼 금전적인 손실이 엄청 나거나, 다시 시작한다고 해서 엄청난 사업 자금이 또 들어가는 것이 아니었기 때문에 '될 때까지 계속하자'라는 생각으로 마음을 다시 고쳐먹었습니다.

저도 처음에는 남들과 똑같은 방식으로 스마트스토어를 운영했습니다. 의류를 파는 쇼핑몰이라, 퇴근 후에 동대문에 가서 예뻐 보이고 단가도 저렴한 다양한 종류의 옷을 구입해와서 열심히 사진 찍고 올렸습니다. 상품이 안 팔려도 '왜 안 팔리는지'에 대해서 이유를 찾아 원인을 분석하고 해결책을 찾으려는 노력은 하지 않았습니다. 대신에 매일 많은 상품을 등록하는 것에만 집중했습니다. '이렇게 상품을 많이 올리다 보면 그중에 한 개는 터지겠지?'라는 운빨 마인드로 쇼핑몰을 운영했습니다.

저의 첫 번째 쇼핑몰은 '남성 의류 데일리 룩'이었습니다. 처음 시작하는 쇼핑몰이라 열정만 너무 앞서 있고 정작 중요한 구체적인 계획이나 목표는 없었습니다. 그러다 보니 제 쇼핑몰에서 판매하는 옷에 대해서 친구들이 툭툭 내뱉는 한두 마디를 귀담아듣고 이 옷 저 옷을 마구 올리게 되었습니다. 이러다 보니 '남성 의류 데일리룩'이라는 콘셉은 온데간데없고, 도대체 뭘 팔고 있는지조차 모르는 이상한 쇼핑몰이 되어 있었습니다.

누구든지 이런 상태가 되면 갈피를 못 잡고 어떻게 해야 할지 우왕좌왕하게 됩니다. 저 역시 그랬으니까요. 이런 와중에 결정적으로 저의 남성 의류 데일리룩 쇼핑몰이 폭망하는 사건이 발생하게 됩니다.

어느 날 여느 때와 마찬가지로 판매할 옷을 사입하러 동대문시장에 갔는데 그날따라 한 유명 브랜드의 짝퉁 무늬 셔츠 옷들이 눈에 쏙 들어오는 겁니다. 그때는 '상표권'에 대해서 아주 무지했기 때문에 별생각 없이 여러 장 사서 사진을 찍어 올렸는데 판매가 잘 되는 겁니다. 그런데 '이제부터 내 인생도 꽃길이구나!'라는 생각도 잠시, 어느 날 네이버 측으로부터 사이트 정지 통고를 받았습니다. 지금까지 고생만 하다가 이제 막 잘 팔리기 시작한 아이템이 하나 생겼는데 쇼핑몰 사이트 정지라니요? 모든 게 참담했습니다. 하지만 지금 생각해 보면, 그때 네이버에서 제지가 들어와서 판매가 중단된 게 얼마나 다행인지 모르겠습니다. 왜냐하면 잘못을 바로잡을 수 있었던 계기가 되었기 때문입니다.

이렇게 저의 첫 번째 '남성 의류 데일리룩' 쇼핑몰이 망하자 저는 '커플룩' 콘셉의 두 번째 쇼핑몰을 시작했습니다. 주 타깃 고객층을 남녀 커플로 정하고 타깃 고객층에 맞춰서 상품 섬네일도 전부 남녀 커플 모델 사진을 올렸습니다만, 실제 판매하는 상품은 여성 의류였습니다. 아실지 모르겠지만, 온라인 쇼핑몰 의류 시장에서 여성 의류 경쟁은 아주 치열합니다. 그래서 이제 막 시작하는 초보 셀러가 여성 의류를 잘 팔기란 쉽지 않습니다. 그런데 '커플룩' 콘셉의 저의 두 번째 쇼핑몰은 나름대로 판매가 잘 되는 편이었습니다. 굳이 이유를 찾자면 남들과는 다른 차별성 있는 상품 섬네일 때문이었습니다. 그 당시 여성 의류를 판매하는 쇼핑몰의 상품 섬네일은 대부분 여자 모델 사진이었습니다. 하지만 같은 여성 의류를 판매하는 제 쇼핑몰의 섬네일은 남녀 커플 모델 사진이었습니다. 이처럼 섬네일이 남들과 달랐기 때문에 고객의 눈에 띄게 되고, 고객 유입이 일어나고, 결국 구매까지 일어났다고 생각합니다.

어쨌든 나름 판매가 잘 되고 있던 이 쇼핑몰 역시 성공시키지 못하고 문을 닫았습니다. 여러가지 이유가 있었지만, 그 중 가장 큰 이유는 남녀 커플룩의 여자 모델이었던 여자친구와 헤어졌기 때문입니다.

제가 굳이 이런 실패경험담까지 얘기하는 이유는 통제할 수 없는 상황 때문에 어쩔 수 없이 쇼핑몰을 접어야 했던 제 실패를 거울삼아, 여러분은 그런 어처구니 없는 실수는 피하고 쓸데없는 시행착오와 실패는 줄여서 더 빨리 여러분이 원하는 목표를 달성하기를 바라는 마음 때문입니다.

03

초보 셀러를 위한 광고전화 사기 피하는 팁

스마트스토어를 오픈하면 다들 어디서 알고 전화가 여기저기서 참 많이도 옵니다. 그래서인지 주변에서 광고전화 사기를 당했다는 얘기를 심심찮게 듣게 됩니다. 저 역시 스마트스토어 초창기에 광고전화 사기를 당한 경험이 있기 때문에 여러분은 이런 경험은 피해 가라는 의미에서 짧게나마 아래 다섯 가지 사항으로 정리해 보았습니다.

첫 번째 조심해야 할 멘트 유형은 전화해서 다짜고짜 '네이버'로 시작하는 전화입니다. 이런 전화는 무조건 끊어야 합니다. 왜냐하면 네이버에서 전화를 해서 프로모션을 권유하는 경우는 없기 때문입니다. 물론 '광고 프로모션'이 자체도 없습니다. 이 부분에 대해서는 네이버 광고에 전화해서 상담원에게 직접 물어보면 바로 확인 가능합니다. 그렇기 때문에 조금이라도 의심스럽다면 먼저 네이버에 전화해서 물어보시기 바랍니다.

두 번째 조심해야 할 멘트 유형은 전화해서 첫 멘트가 '네이버 공식 광고대행사'로 시작하는 전화입니다. 이 부분 역시 네이버 광고 시스템에 들어가서 운영 안내 부분을 클릭하면 공식 광고대행사 리스트를 확인할 수 있습니다. 그렇기 때문에 네이버 공식 광고대행사인지 아닌지 의심스럽다면 네이버 광고 사이트에서 먼저 확인부터 하는 게 좋습니다. 만약 대대행사인 경우라면 먼저 대대행사의 이름을 물어본 다음에 네이버 광고에 전화해서 상담사에게 대대행사 이름을 알려주면 바로 확인 가능합니다.

세 번째 조심해야 할 유형은 '이벤트에 선정되어 좋은 혜택을 드리게 되어서 연락드린다'라는 전화입니다. 아시다시피 네이버 광고는 CPC (Cost Per Click 클릭당 비용)가 기본이기 때문에 상위 노출 보장 목적으로 월정액으로 1년, 2년, 3년 이런 식의 장기계약을 유도하는 업체는 무조건 최우선으로 걸러야 합니다. 가장 많은 광고전화 사기 피해가 이 사례에서 발생합니다.

네 번째 조심해야 할 유형은 상위 노출을 보장해 주겠다거나, 아니면 ROAS(Return On Ad Spend, 광고비 대비 매출액)를 보장해 주겠다는 멘트를 하는 전화입니다. 아시다시피 광고라는 속성 자체는 알리는 것이 목적이지 성과나 결과를 보장해 주는 것은 아닙니다. 그렇기 때문에 이런 것을 보장해 준다는 말도 안 되는 멘트를 하는 전화 역시 무조건 걸러야 합니다.

다섯 번째 조심해야 할 유형은 저의 경우에 해당하는 케이스로 유명한 쇼핑몰을 언급하면서 자신들이 그 쇼핑몰을 키웠다는 멘트를 하는 전화입니다. 그러면서 광고를 제대로 못 돌리고 있어서 매출이 안 나는 것뿐이기 때문에 자기들이 광고만 제대로 돌려주면 이 정도 금액까지 매출이 오른다며 구체적인 매출 금액까지 언급합니다. 만약 매출이 안 나와서 고민하는 초보 셀러가 이런 전화를 받게 되면 '혹'해서 넘어갈 정도로 말을 잘합니다. 하지만 이런 전화 역시 무조건 걸러야 합니다. 왜냐하면 앞에서도 언급했듯이, 광고라는 속성 자체는 알리는 것이 목적이지 성과나 결과를 보장해 주는 것은 아니기 때문입니다.

초보 셀러라면 이 정도의 정보만으로도 충분히 광고전화 사기는 당하지 않으리라 생각합니다. 위에서 언급한 다양한 멘트로 광고전화가 오면 정중하게 다음처럼 말하고 전화를 끊으면 됩니다.
"죄송한데 광고에 관심 없습니다."
그리고 초보 셀러도 광고 대행사의 도움 없이 혼자서 얼마든지 직접 광고를 운영할 수 있습니다. 그냥 네이버 검색 광고 사이트에 접속해서 로그인하고 쇼핑 검색 광고를 만들면 됩니다. 잘 모르면 네이버 광고 고객센터에 전화해서 물어보면 상담원이 친절하고 상세하게 다 알려줍니다.

처음부터 잘하는 사람이 어디 있나요? 전화해서 자꾸 물어보면서 하나둘씩 직접 하다 보면 다 됩니다. 물론 처음에는 새로운 것이기 때문에 익숙지 않아서 어렵다고 느낄 수 있습니다. 하지만 '빨리해서 성과를 내야지'라는 급한 마음만 안 가지면 다 됩니다. 느긋하게 하나씩 하다 보면 누구든지 다 할 수 있기 때문에 해보지도 않고 미리 겁내거나 두려워하거나, 심지어 포기하지 않기를 바랍니다.

04

블루오션 마인드 세팅

(1) 블루오션 셀러 마인드 세팅하기

스마트스토어는 지금 엄청난 레드오션 시장입니다. 그렇기 때문에 이제 막 시작하는 초보 셀러가 남들과 똑같은 방식으로 상품을 판매하면 뻔히 지는 게임입니다. 같은 상품에, 같은 이미지에, 같은 상세페이지에, 근데 가격은 높게.
여러분이 고객이라면 이런 상품을 클릭해서 구매하기 버튼까지 누를까요? 물론 그러지 않겠지요. 그렇기 때문에 처음 시작하는 초보 셀러라면 무엇보다 '하루 2시간 투자로 월 3백만원 벌겠다'는 생각은 처음부터 하지 않는 게 좋습니다. 대신에 남들과 차별화된 '나만의 블루오션'을 찾을 때까지 필요한 시간, 노력, 열정은 무조건 투자

하겠다는 의지와 각오를 다져야 합니다. 그리고 그냥 열심히 하기보다는 '어떻게 하면 내 상품을 잘 팔 수 있을까?'라는 질문을 항상 염두에 두고 고객의 입장에서 생각하고, 판매할 상품을 찾고, 섬네일을 만들고, 상세페이지를 만들어야 합니다. 이것이 바로 블루오션 셀러가 되기 위한 가장 기본적인 마인드 세팅입니다.

누군가는 이렇게 말할 수 있습니다.

"위탁판매로, 구매대행으로, 대량 등록으로 잘 팔고 있는데 뭔 소리야."
"시간 별로 투자 안 하고 잘 파는데."
"퇴근하고 2시간 정도만 투자해도 매출 잘 나오는데."

이런 분들은 운이 엄청나게 좋은 분들이라고 생각합니다. 운 좋은 분들을 제가 어떻게 이길 수 있겠습니까? 하지만 제 경험으로 잘 파는 방법은 운빨이 아닌 끊임없는 노력이었으며, 스스로 통제할 수 있는 상황을 만들어가는 거였습니다.

한 예로 위탁판매로 잘 팔고 있는 상품이 있었는데 갑자기 도매 공급처에서 품절이 되면 이는 제가 통제할 수 없는 상황에 해당합니다. 이런 상황이 빈번하게 발생하게 되면 잘 파는 블루오션 셀러가 되는 데 자꾸 방해만 됩니다. 그렇기 때문에 블루오션 셀러가 되고자 한다면 스스로 통제할 수 있는 상황을 만들어 가면서 남들과 차별되는 '나만의 뭔가'를 찾아야겠다는 의지와 각오를 먼저 다져야 합니다. 이게 바로 블루오션 셀러가 되기 위한 가장 기본적인 마인드 세팅입니다. 물론 의지와 각오만으로 이루어지지 않기 때문에 시간과 노력을 쏟아붓고 열정을 갈아 넣어야 하는 것은 두말할 필요도 없습니다.

(2) 판매 방법에 대해서 고민하기

블루오션 셀러의 기본 마인드가 세팅되었다면 다음은 어떤 판매 방식으로 나만의 스마트스토어를 성장시키고 발전 시켜 갈지에 대해서 생각하는 시간을 잠시 가져 보도록 하겠습니다.

스마트스토어에 관심이 있거나, 이제 막 시작하려고 하거나, 아니면 시작한 지 얼마 안 된 초보 셀러는 스마트스토어에 관련된 모든 유튜브 영상들을 거의 두루 섭렵합니다. 문제는 스마트스토어에 관한 많은 유튜브 영상을 보다 보면 정보 과부하가 생기게 됩니다. 즉 이 영상을 보면 이 말이 맞는 거 같고, 저 영상을 보면 저 말이 맞는 거 같아서 더 헷갈리게 됩니다. 그런데 이때, 다음처럼 말하는 자극적인 유튜브 영상에 마음을 빼앗기게 됩니다.

"위탁판매로 월 천만원을 벌었습니다."
"위탁판매 닥등으로 월 오백만원 벌었습니다."
"구매대행 부업으로 하루 2시간 투자로 월 3백만원 벌었습니다."

'와~어메이징, 판타스틱' 감탄사가 절로 막 나옵니다. 왜냐하면 스마트스토어를 처음 시작하는 초보 셀러에게 위탁판매는 너무 쉽게 돈을 벌 수 있는 '유레카'처럼 보이기 때문입니다. 시간 투자를 얼마 안 해도 되고, 직접 상품 사진을 찍거나 상세페이지를 만들 필요도 없고, 수고스럽게 상품을 직접 발송할 필요도 없으니깐.

그냥 도매 공급처에서 제공하는 상품의 이미지를 그대로 퍼다 올리기만 하면 된다고 하는데, 이런 환상적인 방법에 혹하지 않을 초보 셀러가 몇이나 될까요? 저 역시 초보 셀러 시절에 위탁판매에 대해서 이렇게 느꼈습니다.

당연히 대부분 초보 셀러는 스마트스토어 시작도 하기 전에 위탁판매에 대해 장밋빛 환상부터 가지게 됩니다. 그래서 빨리 시작해서 돈을 벌고 싶은 마음에 조바심이 나서 일단 스마트스토어 개설부터 합니다. 재빠른 실행력에 스스로 감탄까지 합니다. 그리고 위탁판매 상품을 공급하는 도매몰에서 적당한 위탁판매 상품을 선택하고 도매 공급처에서 제공하는 섬네일과 상세페이지 이미지를 그대로 자신의 쇼핑몰에 퍼다 올립니다.

"와~ 이렇게 하면 되는구나!"

올리면서 또 한 번 스스로 감탄합니다. 남들과 똑같으면 잘 안 팔릴까 봐, 남들과 다르게 보이기 위해서 도매 공급처에서 제공한 상품 이미지를 일일이 잘라 약간 다듬어서 올려도 봅니다. 물론 위탁판매 상품 이미지를 그대로 퍼다 올리는것 보다는 시간이 더 많이 걸리지만, 왠지 판매가 더 잘 될 것 같은 그럼 마음마저 듭니다. 이제는 신규 주문을 알리는 네이버 문자만 받으면 환상적인 위탁판매 방법이 현실화되는 완벽한 순간입니다. 그런데 기대했던 완벽한 순간은 일주일이 지나도 한 달이 지나도 오지 않습니다.

많이 익숙한 스토리 아닌가요? 저 역시 그랬으니깐요.

다음 예는 어떤가요?

어떤 유튜브 영상을 보니 무조건 매일 한 개씩 위탁판매 상품을 올리는 닥등(닥치고 등록)을 하면 된다고해서 열심히 닥등을 합니다. 그런데 해보신 분들은 아시겠지만, 매일 닥등, 결코 쉽지 않습니다. 스마트스토어를 부업으로 하는 직장인이라면 더더욱 매일 닥등, 쉽지 않습니다. 그런데도, 강박증에 빠진 사람처럼 하루도 거르지 않고 열심히 상품을 올립니다. 상품에 대해서 아는 게 없어도 전혀 개의치 않고 계속 죽으라 닥등을 합니다. '왜?' 그렇게 닥등을 해야 하는지에 대한 자기 확신도 없습니다. 그냥 그렇게 하면 된다고 말하니깐, 뭐가 팔릴지 모르지만, 확률 게임의 법칙에 따라서 무조건 많은 상품을 올리다 보면 그중에 포텐 터지는 상품이 나온다고 하니깐, 그 말만 철석같이 믿고 열심히 닥등을 합니다.

그런데도 주문은 들어오지 않습니다. 주문은커녕 스토어에 들어오는 방문객도 없습니다. '이 방법은 아닌가?' 하면서 다른 유튜브 영상을 또 열심히 찾아봅니다. 그래서 구매대행 방법도 시도해보고 대량 등록 방법도 시도해 보지만, 이 역시 위탁판매만큼 쉽지 않습니다.

물론 위탁판매나 닥등, 구매대행, 대량 등록을 통해서 잘 되는 분들도 분명 있을 겁니다. 잘 파는 데는 다 그만한 이유가 있다고 생각합니다.

예를 들어 위탁판매 상품일지라도 도매 공급처에서 제공하는 섬네일 이미지나 상세페이지를 그대로 퍼다 사용하지 않았을 겁니다. 샘플 상품을 사서 상품의 품질을 검사하고 직접 사용해 보면서 남들과 다른 차별성을 찾으려고 고민했을 겁니다. 섬네일 사진은 어떻게 찍어 올려야 고객의 눈에 띌 수 있는지, 상세페이지에는 타깃 고객층의 니즈를 어떤 식으로 전달해야 고객이 설득되고 구매로 이어질 수 있는지 등의 생각으로 많은 고민의 시간을 분명히 보냈을 겁니다. 남들과 다른 이런 노력의 결실 없이 위탁판매 상품이 잘 팔릴 이유는 없거든요.

여기서 제가 말씀드리고 싶은 핵심은 위탁판매든, 닥등이든, 구매대행이든, 대량 등록이든 남들의 성공사례 방법들을 보면서 본인이 끌리는 방법이 있다면 실패하더라도 진짜 최선을 다해서 노력해보라고 말씀드리고 싶습니다. 왜냐하면 한 가지 방법이라도 최선을 다해서 하게 되면 그 방법이 가진 한계와 문제점 등을 알게 되어 다른 방향으로 갈지, 아니면 그 문제를 보안하고 해결할 방법을 찾을지, 다음 단계로 도약할 수 있게 되기 때문입니다. 결국 이런 과정에서 여러분의 성공 공식이 만들어지게 됩니다. 그렇기 때문에 어떤 판매 방법으로 자신의 스마트스토어를 키우고 성장시킬지에 대해 구체적인 계획과 목표가 아직 정해지지 않았다면, 다양한 방법을 시도하면서 경험치를 쌓는 것도 나쁘지 않다고 생각합니다. 왜냐하면 실패의 다른 뜻은 성공으로 가기엔 조금 부족하니 좀 더 노력해보라는 뜻이거나, 또는 이 방법은 아니니 다른 방법으로 시도해보라는 뜻이기 때문에 실패하는 것을 두려워하지 말고 일단 앞으로 나아가길 바랍니다.

05

스마트스토어 매출 증대를 위한 기본 세팅

온라인 쇼핑몰이 지속적으로 성장 발전하기 위해서는 매출이 꾸준히 늘어야 합니다. 매출을 꾸준하게 늘리기 위해서는 기본적으로 다음 세 가지 조건을 갖춰야 합니다.

첫째, 신규 고객의 유입이 있어야 하고, 둘째, 그 신규 고객으로부터 구매가 일어나야 하고, 셋째, 기존 고객으로부터 재구매가 일어나야 합니다. 그렇기 때문에 스마트스토어를 지속적으로 성장 발전시키고 싶다면 처음부터 매출 증대 불변의 공식을 염두에 두면서 신규 고객은 어떻게 유입하고, 구매 전환을 어떻게 만들어내고, 기존 고객으로부터 재구매는 어떻게 만들어 낼지에 대한 방법을 늘 고민해야 합니다.

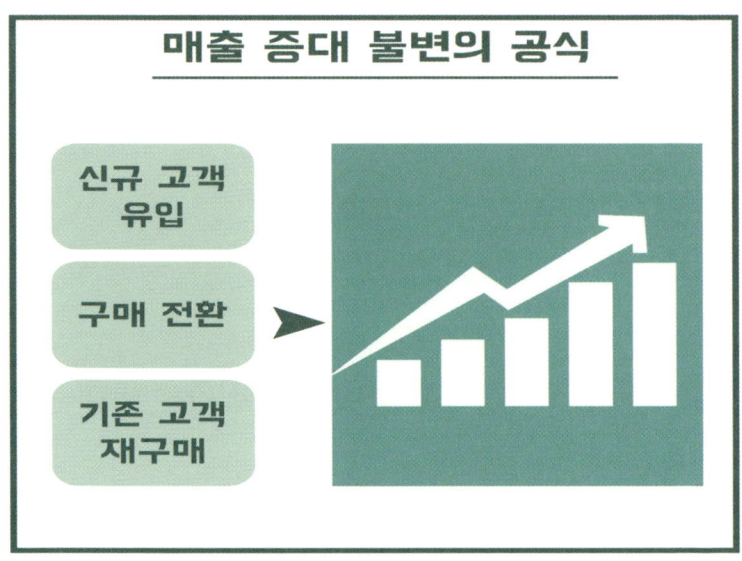

<그림1> 스마트스토어 매출 증대 불변 공식

여기서 말하는 매출 증대 불변의 공식을 좀 더 쉽게 설명하면 다음과 같습니다. 즉 신규 고객 유입은 여러분이 판매하는 상품의 키워드와 섬네일이 고객에게 많이 노출되어야 한다는 의미이고, 구매 전환은 고객을 설득해서 구매하도록 만드는 상세페이지를 잘 만들어야 한다는 의미이며, 기존 고객의 재구매는 고객에게 혜택을 줌으로써 단골로 만든다는 의미입니다. 그렇기 때문에 상품명 키워드, 섬네일, 상세페이지가 중요한 이유가 바로 여기에 있는 겁니다.

예를 들어 직장인이 많은 동네에 커피숍을 새로 오픈하게 되면 출근

길 직장인들에게 커피숍 오픈을 알리는 전단지를 나눠주는 것은 신규 고객을 유치하는 홍보 활동으로 신규 고객에게 커피숍을 알리는 노출의 활동에 해당합니다. 반면에 커피숍을 방문한 고객에게 10회 방문시 커피 한잔 무료 제공은 기존 고객의 재방문을 높이는 고객 혜택 활동에 해당합니다. 그리고 전단지를 보고 커피숍을 방문한 고객이 커피를 주문해서 마시는 것은 신규 고객의 구매 전환 활동에 해당합니다.

스마트스토어 역시 이와 마찬가지입니다. 스마트스토어를 오픈만 한다고 해서 자동으로 고객이 여러분의 스토어로 유입되는 것은 아닙니다. 그렇기 때문에 무엇보다 잠재 고객에게 여러분이 판매하고자 하는 상품을 무조건 널리 많이 알리는 것이 중요합니다. 그러기 위해서는 다음과 같은 몇 가지 기본 세팅이 갖추어져야 합니다.

첫째, 신규 고객을 유입시키기 위해서 무엇보다 남들과 차별화된 상품이 있어야 합니다. 차별화된 상품이라고 해서 세상 어디에도 없고 오직 여러분의 스토어에만 있는 그런 상품이거나, 아주 독특한 디자인으로 튀는 상품을 말하는 것은 아닙니다. 여기서 말하는 '차별화된 상품'은 무엇보다 판매자로서 팔고 싶은 상품이 아니라 소비자인 고객이 사고 싶은 상품이어야 한다는 조건이 충족되는 상품을 말합니다.

대부분 초보 셀러들은 자신의 눈에 이뻐 보이거나 좋아 보이는 상품, 또는 자신이 사고 싶은 상품 위주로 상품을 소싱합니다. 하지만 절대로 판매자의 시각으로 상품을 소싱해서는 안 됩니다. 반드시 고객이 사고 싶어 하고 관심 있어 하는 상품을 판매해야 하며, 그런 상품 중에서 남들이 보지 못하는 '그 무엇'을 찾아야 남들과는 다른 차별화를 가지는 상품이 되는 것입니다.

그렇다면 고객이 사고 싶어 하거나 관심 있어 하는 상품은 어떻게 알 수 있을까요? 이 부분에 대해서는 네이버 데이터랩(datalab.naver.com)을 활용하면 쉽게 알 수 있습니다.

먼저 네이버 검색창에서 네이버 데이터랩을 치고 사이트로 들어갑니다. 그리고 쇼핑 인사이트를 클릭해서 분야별 카테고리와 분야별 카테고리에 속하는 인기 검색어 TOP 500을 쭉 살펴봅니다. 이렇게 분야별 인기 검색어를 살펴보면 어떤 상품들이 사람들의 관심을 받고 있는지 알 수 있게 됩니다. 이때 모든 분야별 카테고리를 일일이 다 살펴보면 효율성과 집중도가 떨어지기 때문에 관심 있는 한 분야만 집중적으로 살펴보는 것이 좋습니다.

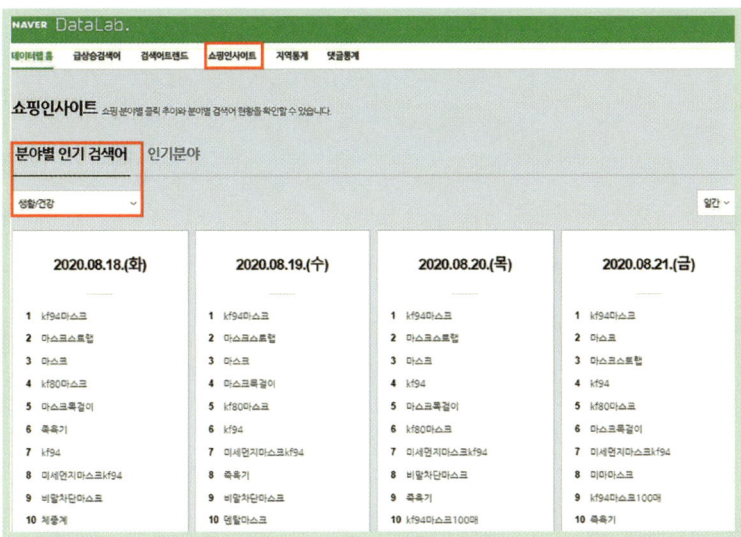

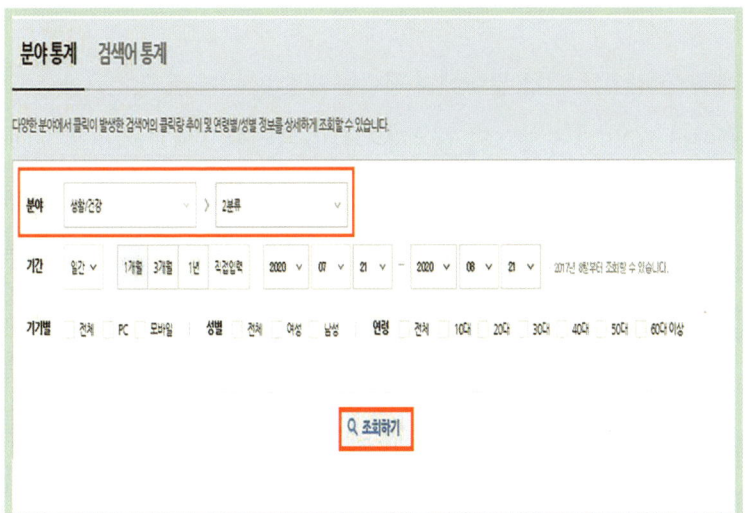

<그림 2> 네이버 데이터랩

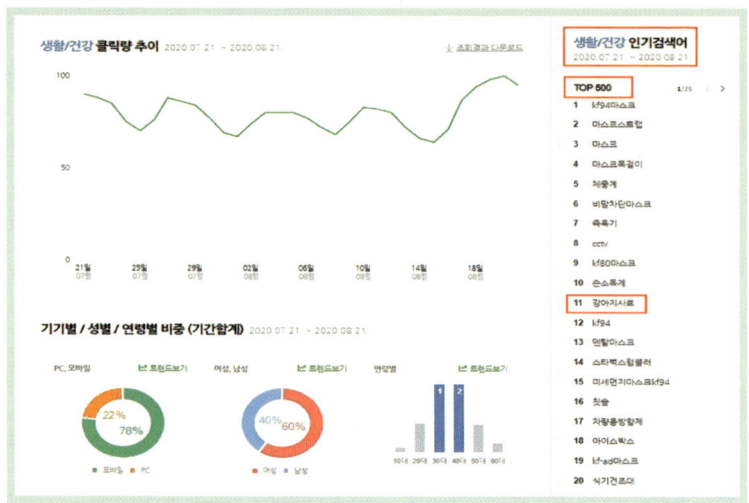

<그림3> 네이버 데이터랩 인기 검색어

예를 들어 생활/건강 분야에서 사람들이 찾는 인기 검색어 TOP 500 중에서 TOP 11에 랭크된 강아지 사료에 관심이 있다고 가정해 보겠습니다. 강아지 사료 키워드를 네이버 쇼핑에서 검색해 보면 상품수가 130만건이 훌쩍 넘습니다. 엄청나게 많습니다. 여기서 알아야 할 사항은 강아지 사료 키워드가 사람들이 많이 찾는 인기 검색어라고 해서 무턱대고 이 시장 속으로 들어가서 경쟁을 해봤자 전혀 승산이 없다는 것입니다.

그런데 대부분 초보 셀러들은 이런 기본적인 조사조차 하지 않고 자신이 강아지 사료에 관심 있다고 해서, 또는 사람들이 많이 찾는 인기 검색어라고 해서 무턱대고 이 분야의 상품부터 올리고 봅니다. 그러고는 왜 안 팔리는지 고민만 합니다.

둘째, 좋은 품질의 상품을 소싱해야 합니다. 어떤 상품을 팔든지 간에 자신의 스마트스토어를 지속적으로 성장 발전시키고자 한다면 이 조건은 무조건 원칙처럼 지켜야 하는 부분입니다. 그렇기 때문에 판매하고자 하는 상품을 사서 상품의 퀄러티를 직접 확인해야 합니다. 가격이 저렴하니깐, 마진을 많이 남길 수 있을 거 같아서, 또는 화면상으로 괜찮아 보인다고 해서 무조건 상품을 가져와서 팔면 안 됩니다.

항상 말씀드리지만, 여러분은 판매자 이전에 다른 쇼핑몰에서 물건을 사는 소비자이기도 합니다. 사진으로 보니 괜찮아 보이고 가격도 저렴해서 구매를 했는데, 막상 받아보니 상품의 품질이 기준치에 한참 모자라는 상품이면 고객으로서 여러분은 어떤 기분이 들까요? 다시는 그 스토어에서 물건을 구입하지 않을 겁니다. 어쩌면 주변 사람들에게 자신이 겪은 기분 나쁜 경험을 공유할 수도 있겠지요. 이게 바로 소탐대실(小貪大失)입니다. 작은 이익에 연연해서 본질을 놓치게 되면 결국 자신에게 큰 손해로 되돌아오게 됩니다. 그렇기 때문에 다시 한번 강조하지만, 자신이 판매하는 상품은 무조건 좋은 품질의 상품이어야 합니다. 그래야 고객에게 자신 있게 상품을 권할 수가 있고, 상품에 대한 이런 자신감은 고스란히 섬네일과 상세페이지에 잘 녹아나게 되어 고객에게 신뢰감을 주게 됩니다. 상품에 대한 신뢰감은 고객의 구매로 이어지게 되고, 이는 곧 매출 상승으로 이어져 결국 여러분의 스마트스토어가 성장 발전하는 선순환의 연결고리가 자연스럽게 만들어지게 됩니다.

 희망 없는 현실 속 작은 성공, 스마트스토어

현재 자신의 마음가짐이나 생각을 정리해 보세요.
Q. 블로오션 셀러가 되기 위해서 어떤 마인드가 필요할까요?

___
___
___
___
___
___
___
___
___
___
___
___
___
___
___

잘 팔기 위한 스마트스토어 기본 세팅

01

내 스마트스토어 분석하기

"같이 시작한 스마트스토어인데, 누구는 잘 파는데 나는 왜 잘 못 팔까?"

대부분 초보 셀러한테서 가장 많이 받는 질문입니다. 그래서 이 장에서는 초보 셀러의 고민인 '왜 잘 안 팔릴까?'에 대해서 함께 생각하면서 단계적으로 해결책을 찾아보도록 하겠습니다.

먼저 여러분의 스마트스토어를 생각하면서 아래 질문에 여러분의 생각을 솔직하게 적어 주시기 바랍니다. 정답은 없지만, 무엇보다 현재 자신이 바라보는 관점에서 문제 파악을 제대로 하게 되면, 어떤 점을 고치고 개선해야 할지 더 명확하게 파악하는 데 도움이 됩니다.

내 스마트스토어 점검하기

1. 오픈 날짜 / 운영 기간은?

2. 주력 판매 상품은?

3. 하루 평균 주문 건수는?

4. 평균 일 매출 / 월 매출은?

5. 매출 상승을 위해 현재 하고 있는 노력은?
   ①
   ②
   ③

6. 판매가 잘 안 되는 결정적인 이유는?
   ①
   ②
   ③

이번에는 '내 스마트스토어 상품은 왜 잘 안 팔릴까?' 고민에 대해서 함께 원인을 파악하도록 하겠습니다. 왜냐하면 모든 문제는 문제 그 자체에 해결책을 가지고 있기 때문에 해결책을 찾기 위해서 가장 먼저 문제부터 제대로 파악해야 합니다.
아래 각 질문에 해당 사항이 있으면 체크해 주시기 바랍니다.

왜 잘 안 팔릴까? 원인 파악하기

1. 고객 유입이 없다. (Yes / No / 해당 사항 없음)

2. 상품 차별성이 없다. (Yes / No / 해당 사항 없음)

3. 섬네일 차별성이 없다. (Yes / No / 해당 사항 없음)

4. 상세페이지 차별성이 없다. (Yes / No / 해당 사항 없음)

5. 상품 검색이 안 된다. (Yes / No / 해당 사항 없음)

'왜 잘 안 팔리는지?'에 대한 원인을 파악했다면 이번에는 각각의 원인에 대해서 문제를 해결할 수 있는 해결책을 찾아보도록 하겠습니다.

> **왜 잘 안 팔릴까? 해결책 찾기**
>
> 1. 고객 유입이 없다. → 고객 유입을 늘리면 된다. 어떻게?
>
> 2. 상품 차별성이 없다. → 상품 차별성을 만들면 된다. 어떻게?
>
> 3. 섬네일 차별성이 없다. → 섬네일 차별성을 만들면 된다. 어떻게?
>
> 4. 상세페이지 차별성이 없다. → 상세페이지 차별성을 만들면 된다. 어떻게?
>
> 5. 상품 검색이 안 된다. → 상품 검색이 되게 하면 된다. 어떻게?

보다시피 해결책은 이처럼 심플합니다. 자세한 내용은 다음 장에서 하나씩 상세하게 다루겠지만, 이 해결책이 스마트스토어 매출 상승 공식의 기본이면서 동시에 전부입니다. 하지만 대부분 초보 셀러들이 간과하고 있는 것, 소홀히 하는 것, 잘못하고 있는 것이기도 합니다.

02

고객 유입이 없다
고객 유입을 늘리면 된다. 어떻게?

고객의 유입은 판매가 이루어지기 위한 첫 단계입니다. 그렇기 때문에 일단 여러분의 스토어로 많은 고객 유입 트래픽을 가져와야 합니다. 그러면 어떻게 고객 유입 트래픽을 가져올 수 있을까요?
가장 쉬운 방법은 여러분이 판매하는 상품을 많은 사람들에게 많이 노출하는 것입니다. 즉 사람들이 많이 모여있는 네이버 카페, 블로그, 밴드, 인스타그램, 페이스북, 유튜브 등의 채널에 여러분의 상품을 홍보하면 됩니다. 하지만 자체적으로 상위 노출할 수 있는 이런 홍보 채널이 딱히 없다면 일일이 품앗이 작업을 해야 합니다.
예를 들어 많은 사람이 모여 있는 곳으로 찾아가서 여러분의 상품을 직접 홍보하는 것입니다. 대표적인 곳이 바로 네이버 카페입니다. 하지만 이런 카페에 여러분의 상품을 직접 홍보하는 일은 쉽지 않습니다. 왜냐하면 일단 글을 쓸 수 있는 회원 등급이 되어야 하는데 이런 회원 등급을 받으려면 상당한 시간이 걸리게 됩니다. 그리고 글을 쓸 수 있는 회원 등급이 되었다 하더라도 홍보글 자체는 조회수가 굉장히 낮기 때문에 실질적인 '노출'의 효과는 미미한 경우가 많습니다. 물론 홍보 아닌 듯 교묘하게 게시글을 작성하거나 댓글을 다는 방법도 생각해 볼 수 있겠지만, 별로 추천하고 싶지는 않습니다. 왜냐하면 이 부분은 여러분이 통제할 수 없는 부분이기 때문에 궁극적으로 여러분에게 별로 도움이 되지 않습니다.

그래서 회원수가 많은 카페 여기저기를 돌아다니면서 상품을 홍보하는 게시글이나 댓글을 다는 등의 품앗이 작업을 하기보다는 차라리 그 시간을 자체 홍보 채널을 키우는데 집중하는 것이 여러분에게 훨씬 더 실질적인 도움이 됩니다. 하지만 자체 홍보 채널을 키우는 일 역시 쉽지 않을뿐더러 시간이 굉장히 오래 걸리게 됩니다.

이런 상황에서 초보 셀러가 고객 유입을 위해서 지금 당장 할 수 있는 가장 손쉬운 방법이 돈 주고 하는 광고입니다. 돈 주고 하는 광고라고 해서 무조건 SNS 광고부터 시작하는 초보 셀러들이 많은데, 제 경험으로 비추어 볼 때 SNS 광고는 별로 효과가 없기 때문에 추천하지 않습니다. 물론 잘 팔 수 있는 확실한 아이템으로 기막히게 영상 콘텐츠를 잘 만들면 페이스북이나 인스타그램에서 큰 효과를 볼 수 있습니다. 하지만 이 경우는 확실한 상품 기획력과 기막힌 영상 콘텐츠가 뒷받침되어야 하므로 초보 셀러가 진행하기에는 다소 무리가 있습니다.

그렇다면 어떤 광고가 스마트스토어 초보 셀러에게 좋을까요? 그건 바로 네이버 쇼핑 검색 광고입니다. 네이버 검색 광고는 경쟁 입찰 방식으로 진행되며 클릭당 돈이 빠져나가는 CPC (Cost Per Click) 구조입니다. 즉 클릭당 단가가 제일 높은 사람의 상품이 상위 노출되는 구조이므로 여러분의 상품을 네이버 쇼핑에 상위 노출시키고 싶다면 클릭 단가 비용을 가장 높게 설정해서 검색 광고를 하면 됩니다. 물론 상품 키워드마다 클릭당 단가 비용은 천차만별이지만, 대체로 사람들이 많이 검색하는 키워드로 상위 노출 검색 광고를 하려면 광고비용이 꽤 많이 듭니다. 판매가 거의 없는 초보 셀러에게 높은 광고 비용은 부담이 되기 때문에 적합하지 않습니다.

그리고 설사 상위 노출 목적으로 클릭 단가 비용을 높게 설정해서 검색 광고를 진행해도 사람들이 클릭만 하고 상품을 구매하지 않으면 비싼 광고비만 허공에 뿌리는 셈이 되기 때문에 실익이 전혀 없게 됩니다.

그렇다면 네이버 쇼핑 검색 광고를 어떻게 진행해야 적은 클릭 비용으로 상위 노출의 효과를 볼 수 있을까요? 그건 바로 '블루오션 키워드'를 잘 찾아서 그 키워드로 상품명을 만들어 광고하는 것입니다. 물론 일차적으로 구매 건수와 리뷰 건수가 많으면 굳이 네이버 검색 광고를 하지 않아도 네이버 쇼핑에 상위 노출이 됩니다. 하지만 초보 셀러가 무슨 수로 처음부터 광고도 없이 고객 유입 트래픽을 가져올 것이며, 고객 유입도 없는데 어떻게 잘 팔 수 있겠습니까?

그렇기 때문에 고객 유입을 위해서 초보 셀러는 네이버 쇼핑 검색 광고를 반드시 해야 합니다. 하지만 저비용으로 상위 노출 효과를 볼 수 있는 '블루오션 키워드'로 네이버 쇼핑 검색 광고를 해야 합니다.

03

상품 차별성이 없다
상품 차별성을 만들면 된다. 어떻게?

스마트스토어를 처음 시작하는 대부분 초보 셀러는 위탁판매 닥등 (닥치고 상품 등록)을 합니다. 재고 걱정할 필요도 없고, 직접 택배를 발송할 필요도 없고, 더구나 상품 섬네일과 상세페이지 이미지가 다 제공되기 때문에 처음에 위탁판매에 대해서 듣게 되면 이상적인 시스템이라는 생각으로 '유레카'를 외치게 됩니다. 하지만 하루 2시간 정도만 투자하면 쉽게 돈을 벌 수 있을 것 같았던 위탁판매는 기대와 달리 잘 안 됩니다. 그리고 도매 공급처에서 제공한 섬네일과 상세페이지 이미지를 그대로 사용해서 상품 등록을 하는데도 생각보다 시간이 오래 걸립니다. 만약 똑같은 위탁판매 상품이라는 것을 피하려고 이미지를 자르거나 약간 편집해서 상품 등록을 하게 되면 시간은 배 이상으로 더 걸립니다. 팔리기만 한다면 시간이 조금 더 걸리는 게 대수인가요? 그런데도 위탁판매 상품은 여전히 잘 팔리지 않습니다.

'왜 잘 안 팔리는 것일까요?' 여러분도 이미 답을 알고 있겠지만, 무엇보다 똑같은 상품을 파는 사람들이 너무 많아서 경쟁이 엄청 치열합니다. 게다가 상품 섬네일과 상세페이지까지 다 똑같기 때문에 차별성이 전혀 없습니다. 여기에 도매 공급처에서 제시한 가격보다 더 싸게 파는 셀러까지 있어서 가격 경쟁력도 없습니다. 안 팔리는 게 어쩌면 당연합니다.

그런데도 여전히 차별성 없는 위탁판매 상품을 열심히 자신의 스토어에 올립니다. 하지만 계속 판매가 되지 않다 보니 처음의 열정은 온데간데없고 점점 지쳐만 갑니다. 당연히 상품 등록에도 점점 소홀해지면서 언제부터인가 일주일에 겨우 한 개 올리면서도 설렁설렁 대충대충 그냥 습관적으로 올리는 날이 많아지게 됩니다. 그러다 결국 스마트스토어를 접는 지경까지 이르게 됩니다.

저 역시 초보 셀러 때 위탁판매를 해 본 경험이 있기 때문에 위탁판매의 한계점을 누구보다 잘 알고 있습니다. 하지만 스마트스토어를 처음 시작하는 단계에서는 이커머스 비즈니스 (E-commerce business)의

판매 사이클의 전 과정을 체험하고 배워 익히는 과정으로 위탁판매를 활용하는 것은 괜찮다고 생각합니다. 다만, 지속적으로 성장 발전하는 온라인 쇼핑몰 사업체를 만들어 가겠다는 목표가 있는 분이라면 위탁판매에 집중하기보다는 남들과 다른 차별화할 수 있는 아이템을 발굴하는 데 노력을 집중하라고 말씀드리고 싶습니다.

그런데도 위탁판매 상품을 팔고 싶다면 위탁판매 상품도 남들과 다르게 차별성을 만들어서 팔아야 합니다. 그게 아니라면 다른 상품의 판매를 도와주는 역할을 하는 미끼 상품으로 위탁판매 상품을 적극적으로 활용하는 것은 좋다고 생각합니다.

예를 들어 "와, 이 가격 실화냐!"라는 말이 나올 정도의 좋은 상품을 최저가 미끼 상품으로 활용하는 것입니다. 하지만 이 방법이 효과를 보려면 고객이 그 최저가 미끼 상품 때문에 여러분의 스토어로 들어왔을 때 가성비 좋은 많은 상품이 두루 갖춰져 있어야 합니다. 그래야 미끼 상품과 함께 다른 상품을 구매하게 되어 객단가(AOV: Average Order Value, 고객이 1회 구매시 결제하는 평균금액)가 높아지고 이로 인해 매출이 증가하게 됩니다.

자, 다시 본론으로 돌아와서 위탁판매 상품이 잘 팔리지 않은 이유에 대해서는 차별성이 없다는 답이 나왔습니다. 그렇다면 이제는 그 차별성을 만드는 데 노력을 집중하면 됩니다. 즉 가격 경쟁력도 있고,

마진도 좋고, 품절도 걱정할 필요 없는 그런 위탁 상품을 찾으면 됩니다. 일단 그런 상품을 찾게 되면 중간 도매상을 거치지 않고 직접 상품을 공급받을 수 있는 공급업체나 직수입업체를 찾아서 직접 거래를 터야 합니다. 이렇게 직접 상품을 공급받게 되면 좋은 공급가격에, 좋은 마진에, 갑작스러운 품절에 대한 걱정도 줄어들기 때문에 이 자체가 수많은 위탁판매 셀러들과 차별화를 만들어 줍니다. 그리고 상품 샘플을 사서 상품의 품질을 직접 확인한 후에 상품 품질이 좋다는 확신이 들면 직접 상품 사진을 찍어 섬네일과 상세페이지를 만들어야 합니다. 왜냐하면 직접 사진을 찍어서 만든 섬네일과 상세페이지는 고객에게 신뢰를 주게 되며, 바로 이 지점에서 남들과 다른 차별화가 만들어집니다.

여기서 상품의 차별화를 만들 수 있는 가장 중요한 방법이 바로 '브랜드'를 만드는 것입니다. 예를 들어 같은 중국 제조공장에서 만든 중국산 텀블러라고 해도 유명 브랜드 로고가 찍히면 높은 가격으로, 그것도 잘 팔리는 상품이 됩니다. 또한 브랜드 제품이기 때문에 아무나 가져와서 팔 수 없습니다. 그래서 경쟁 강도는 낮고 마진은 높은 상품으로, 그것도 잘 팔리는 블루오션 상품이 되는 것입니다.

물론 초보 셀러가 처음부터 브랜드를 가지고 시작하기는 쉽지 않습니다. 하지만 남들과 다른 차별화로 자신만의 블루오션을 만들겠다는 목표가 있는 분이라면 브랜드로 상품 차별화를 만드는 것에 대해서도 생각을 해야 합니다.

그러면 여기서 잠시 상품 브랜드를 어떻게 만들 수 있는지 살펴볼까요?

여러분의 스마트스토아에서 꾸준하게 잘 팔리는 상품이 있다면 그 상품 위주로 상품을 계속 업데이트하면서 스토어의 콘셉을 잡습니다. 꾸준하게 판매량을 늘리면서 동시에 단골도 늘려가야 합니다. 상품 판매량과 단골이 일정 규모로 커져서 상품 판로가 만들어졌다는 확신이 들면 그때가 바로 여러분의 브랜드를 만들 때입니다. 아시다시피 브랜드가 있으면 그 자체만으로 이미 남들과 다른 차별성을 가지기 때문에 온라인 쇼핑몰로서 가장 성공적인 비즈니스 모델이 되는 것입니다.

04

섬네일 차별성이 없다
섬네일 차별성을 만들면 된다. 어떻게?

섬네일(thumbnail)은 영어로 '엄지손톱'이라는 뜻으로 인터넷에서 작은 크기의 견본 이미지를 말합니다. 스마트스토어에서는 상품의 대표 이미지가 바로 섬네일에 해당합니다. 섬네일은 기본적으로 밝고, 선명하고, 상품이 잘 보이는 제품 위주의 큰 사진이 좋습니다. 그래야 고객의 시선을 쉽게 끌 수 있고 신규 고객의 유입을 가져오는 역할을 충실히 할 수 있습니다.

그렇기 때문에 섬네일은 남들과 비슷하거나 똑같은 배경이나 구도가 아닌, 차별성 있게 섬네일을 만들어야 합니다. 위탁판매 상품의 경우도 마찬가지입니다. 도매 공급처에서 제공한 똑같은 상품 이미지 사진을 그대로 퍼 와서 올려봤자 남들과 차별성이 없기 때문에 고객의 눈에 띄지도 않습니다. 당연히 고객으로부터 클릭을 받지 못하기 때문에 고객 유입도 없게 됩니다.

그렇다면 고객 클릭을 유도하는 섬네일은 어떻게 찍어 올려야 남들과 다른 차별성을 가지게 될까요? 이에 대한 답은 이미 앞에서 언급했듯이, 무조건 고객의 눈에 띄게 만들어야 합니다. 눈에 띄게 만든다는 의미는 경쟁 상품들의 섬네일과는 확실히 달라야 한다는 뜻입니다.

예를 들어 '여름 잠옷'을 판매하기 위해 섬네일을 만들어야 하는 경우라면 잠옷을 입고 있는 여자 모델 사진이 아닌, 가족 전부가 잠옷을 입고 있는 실제 가족사진을 섬네일로 만들면 이게 바로 차별성 있는 섬네일이 됩니다. 왜냐하면 대부분 경쟁 상품의 섬네일과는 확연히 다르기 때문에 이 자체만으로도 고객의 눈에 띄게 되기 때문입니다. 아마 여러분이라도 이 섬네일부터 클릭할 것입니다.

사실인지 직접 확인해 볼까요? 먼저 네이버 쇼핑에서 '여름 잠옷' 키워드로 검색해서 1페이지에 상위 노출되는 섬네일을 쭉 살펴보시기 바랍니다. 대부분 비슷한 섬네일 중에서 유독 남들과 다른 차별성 있는 섬네일이 보일 겁니다. 바로 가족 전체가 세트처럼 같은 잠옷을 입고 찍은 사진, 저라도 그 섬네일을 먼저 클릭할 것 같습니다. 왜냐하면 섬네일만으로 상세페이지가 궁금해지기 때문입니다.

여러분의 이해를 돕기 위해서 남들과 다른 차별성이 있는 섬네일에 대해서 함께 연습해 보도록 하겠습니다.

예를 들어 여러분이 '남자 여름 셔츠'를 사기 위해 네이버 쇼핑에서 '남자 여름 셔츠' 키워드로 상품을 찾고 있는 고객이라고 가정할 때, 1페이지에 있는 섬네일 중에서 클릭해보고 싶은 사진이 있다면 클릭해 보시기 바랍니다. 그리고 아래 빈칸에 왜 그 상품 섬네일을 클릭했는지에 대해서 여러분의 솔직한 생각을 적어주기 바랍니다.

클릭하고 싶은 섬네일

1. 왜 그 상품 섬네일을 클릭했는지 솔직한 생각을 적어주세요.

2. '남자 여름 셔츠'를 판매한다고 가정할 때 어떤 섬네일 사진으로 남들과 차별화를 만들고 싶은지 자유로운 생각을 적어주세요.

이번에는 저와 함께 네이버 쇼핑에서 '남자 여름 셔츠'를 검색한 후 1페이지에 있는 섬네일 중에서 눈에 띄어 먼저 클릭해 보고 싶은 섬네일을 찾아보도록 하겠습니다. 여러분이 앞에서 답한 내용과 비슷한지 비교하면 이해가 더 쉽게 될 것입니다.

저는 일단 구매 건수와 리뷰 건수가 많은 상품부터 먼저 클릭할 겁니다. 왜냐하면 잘 팔린 이유가 너무 궁금하기 때문입니다. 여러분이 앞에서 답한 내용과 비슷한가요?

다음으로 럭키투데이 할인 딱지가 붙은 상품 섬네일을 클릭할 겁니다. 왜냐하면 많은 상품 섬네일 중에서 55% 할인을 나타내는 빨간 딱지가 눈에 확 들어오기 때문입니다. 이번에도 여러분이 앞에서 답한 내용과 비슷한가요? 고객의 입장에서 상품을 반값으로 할인해 준다는데 어떤 상품인지 궁금해서 다들 클릭하지 않을까요?

그리고 나서 '알록달록 꽃무늬 셔츠' 상품 이미지 섬네일을 클릭할 겁니다. 이유는 1페이지에 보이는 대부분 섬네일과 비교하면 확연히 다르기 때문입니다. 이처럼 남들과 다른 차별성 있는 섬네일이라고 해서 거창하거나 대단한 것은 아닙니다. 대부분의 섬네일과 달라서, 그래서 눈에 띄어서 그 섬네일을 클릭해 보고 싶게 만들면 그게 바로 남들과 다른 차별성이 있는 섬네일이 되는 것입니다.

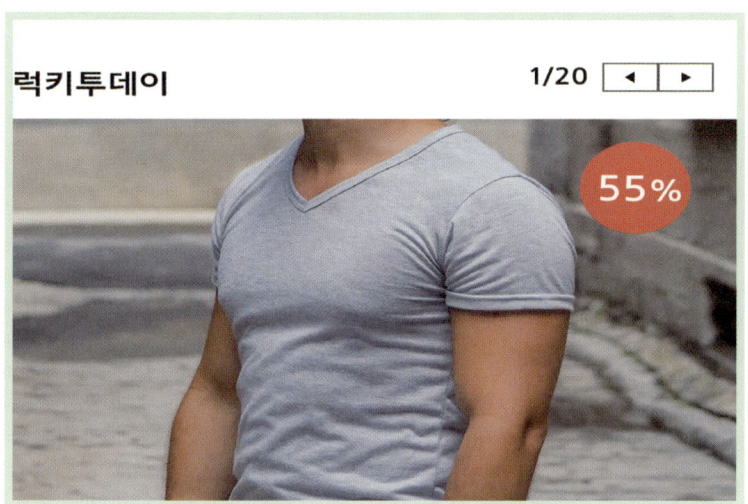

<그림1> 스마트스토어 럭키투데이 예시

정리를 하자면 고객의 클릭을 부르는 차별성 있는 섬네일의 조건은 다음과 같습니다.

첫째, 쇼핑하는 고객의 눈에 띌 수 있는 범위 내에서 무조건 상위 노출이 되어야 합니다. 즉 고객이 네이버 쇼핑에서 특정 키워드로 상품을 검색할 때 적어도 3~5페이지 이내에 여러분의 상품 섬네일이 노출되어야 합니다. 왜냐하면 아무리 잘 만든 섬네일일지라도 사람들에게 노출되지 않으면 아무 소용이 없기 때문입니다. 그래서 사람들 눈에 띌 수 있는 쇼핑 검색 범위내에서 상위 노출이 되는 게 중요합니다. 그리고 구매 건수와 리뷰 건수도 몇 건 만들어 놓으면 고객의 클릭을 더 많이 유도할 수 있습니다. 왜냐하면 구매 건수와 리뷰 건수가 많다는 것은 그만큼 상품에 대한 사람들의 신뢰도를 보여주는 것이기 때문에 다른 섬네일보다는 고객의 클릭을 먼저 불러오게 합니다.

둘째, 럭키투데이(스마트스토어 판매자 센터에 로그인해서 노출 관리 카테고리 참고)의 할인을 나타내는 빨간 딱지가 있는 예시 사진처럼 고객의 시선을 단번에 사로잡을 수 있는 강렬한 포인트를 사용해서 섬네일을 만드는 것도 차별화를 만드는 한 방법입니다. 왜냐하면 고객은 수많은 상품을 일일이 다 클릭해서 상세페이지를 확인하지 않습니다. 시간이 돈인 바쁜 세상에 눈에 띄는 섬네일 몇 개 클릭해서 효율적으로 쇼핑을 합니다. 저 역시 그렇게 쇼핑을 하기 때문입니다.

셋째, 네이버 쇼핑에서 특정 키워드로 상품을 검색했을 때 1페이지에 보이는 대부분 섬네일과는 확연하게 다른 섬네일을 만들어야 합니다. 확연하게 다르다고 해서 거창하거나 대단한 것이 아닌, 한눈에 딱 봤을 때 다른 섬네일과 달라서 그냥 눈에 띄는 섬네일을 말합니다.

이처럼 남들과 다른 차별성 있는 섬네일을 만들려는 이유는 무엇보다 고객의 눈에 띄어 결국 판매까지 이어지게 하기 위함입니다.

05

상세페이지 차별성이 없다
상세페이지 차별성을 만들면 된다. 어떻게?

(1) 상세페이지 기본 세팅

일단 고객을 유입시키는 데 성공했다고 해서 '올레'하고 끝나는 게 아닙니다. 지금부터가 진검승부입니다. 즉 유입된 고객으로부터 실질적인 구매 전환을 만들 수 있어야 합니다. 하루 1,000명 이상 고객 유입이 있어도 주문 건수가 거의 없다면 이는 상세페이지가 잘못되었다는 의미입니다. 그렇기 때문에 구매와 직결되는 상세페이지를 만드는 데 많은 노력과 정성을 쏟아야 합니다.

그러면 상세페이지를 어떻게 만들어야 상품 신뢰도를 높여서 고객을 설득하고 구매로 이어지게 만들 수 있을까요?
먼저 상세페이지 기본 세팅부터 점검해 보도록 하겠습니다.

① 모바일 화면으로 작성하기

저뿐만 아니라 대부분 사람들은 주로 모바일로 쇼핑 검색을 합니다. 그렇기 때문에 모바일에서 보이는 최적화 화면 상태에 맞춰서 상세페이지를 작성하는 것이 좋습니다.
모바일 화면을 선택하는 방법은 스마트스토어 판매자 센터에 로그인해서 상품 등록을 위해 상세페이지 화면으로 이동합니다. 이동한 상세페이지 화면에서 오른쪽 하단에 pc 화면, 모바일 화면, 태블릿 화면 중에서 모바일 화면을 선택한 후 내용을 작성하면 됩니다. 이 때 가독성을 높이기 위해서 모바일에서 잘 읽히는 폰트 크기로 상세페이지를 작성하는 것이 좋습니다. 만약 적당한 폰트 크기를 가늠할 수 없다면 상세페이지를 작성한 후 여러분의 핸드폰 화면에 보이는 글자 크기를 직접 확인한 후에 적당한 폰트 크기로 바꿔주면 됩니다. 참고로 저의 경우는 본문 내용에 13~16pt 폰트 크기를 주로 사용합니다.

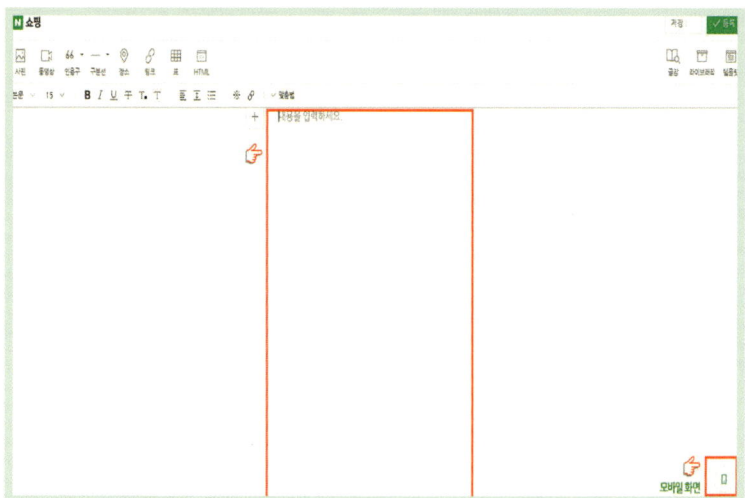

〈그림1〉 스마트스토어 상세페이지 모바일 화면

② 이미지 사이즈 맞추기

네이버 스마트스토어의 상세페이지는 블로그 형식으로 되어 있어서 블로그에서 글을 한 번이라도 포스팅해 본 경험이 있다면 상세페이지를 다루는 툴은 별로 어렵지 않습니다. 다만, 스마트스토어 최적화 기준(SEO)에서 제시하는 이미지 크기로 상세페이지를 만들어야 합니다.

스마트스토어의 섬네일 크기는 1000×1000 px지만, 상세페이지에 올리는 이미지 크기는 세로는 상관없지만, 가로는 860 px에 맞추어서 올려야 합니다. 이제 막 스마트스토어를 시작하는 초보 셀러는 이미지 크기를 조정하는 작업 없이 핸드폰이나 카메라로 찍은 사진을 그대로 올립니다. 이렇게 되면 너무 큰 이미지 크기 때문에 로딩되는 시간이 길어지게 되고, 이는 상품에 관심 있어 클릭해서 들어온 고객을 쫓아내는 행위와 같습니다. 그렇기 때문에 상세페이지에 올리는 상품 이미지는 스마트스토어 최적화 기준에 맞추는 게 좋습니다.

③ 직관적인 이미지와 움짤(GIF Graphics Interchange Format) 활용하기

상세페이지에 들어가는 사진 역시 섬네일 사진처럼 밝고, 선명하고, 상품이 잘 보이는 제품 위주의 큰 사진이 좋습니다. 즉 제품이 너무 작고 주변의 소품이 크게 부각되는 사진은 모바일로 쇼핑 검색을 하는 고객 입장에서 선호하지 않는 이미지입니다. 그렇기 때문에 많은 양의 텍스트보다는 상품의 특징을 잘 보여주는 직관적인 이미지와 움짤 등을 사용하면 고객을 설득하는데 훨씬 더 효과적입니다.

④ 가능한 한 많은 디테일 이미지 컷 보여주기

온라인 쇼핑몰 특성상 상품을 직접 눈으로 보고 만지고 할 수 없기 때문에 가능한 한 많은 이미지 컷으로 상품의 디테일을 다 보여주는 것이 좋습니다.

'만약 내가 이 상품을 구매하는 고객이라면 어떤 점에 대해서 궁금할까?'를 고객의 입장에서 생각해서 고객이 궁금해할 사항을 다 반영해서 많은 이미지로 상품 디테일을 보여주는 것이 좋습니다. 그리고 강조하고 싶거나 부각하고 싶은 부분은 이미지 컷보다는 동영상이나 움짤(움직이는 이미지) 등을 활용하는 것이 고객을 설득하는데 훨씬 더 효과적입니다.

⑤ 교환·환불에 대한 설명은 판매 특이사항에 넣기

상세페이지를 작성할 때 상세페이지 맨 앞부분에 교환 및 환불에 대한 유의사항 등을 큰 텍스트 이미지로 삽입하는 경우가 많습니다. 읽어보면 대부분 '안된다'라는 부정적인 내용이기 때문에 고객 입장에서는 이런 문구가 먼저 보이면 상세페이지에 집중하는 데 방해가 될 수 있습니다. 그렇기 때문에 교환 및 환불 같은 정보는 되도록 판매 특이사항에 넣어주는 게 좋습니다. 그래도 꼭 넣어야 한다면 상세페이지 첫 부분보다는 맨 하단에 넣는 게 좋습니다.

(2) 상세페이지 세부 구성 내용

이번에는 상세페이지를 어떻게 구성해야 남들과 다른 차별화를 만들어 궁극적으로 구매 전환으로 연결되는지에 대해서 구체적으로 살펴보도록 하겠습니다.

앞에서도 언급했듯이 상세페이지는 고객을 설득해서 상품을 구매하게 만드는 역할을 합니다. 그렇기 때문에 상세페이지를 어떻게 만드느냐에 따라 구매 건수가 달라지고 매출이 달라질 수 있으므로 상세페이지는 그 어느 것 보다도 중요합니다.

무엇보다 상세페이지를 만들 때 상품을 팔아야 하는 판매자 관점보다는 고객의 입장에서 꼭 필요한 물건이라는 점을 부각해야 합니다. 그래서 문제 인식〈해결〈장점〈혜택 이런 흐름에 따라 상세페이지를 구성하면 고객에게 훨씬 더 설득적으로 다가가게 되고 결국 구매 전환으로 이어지게 됩니다.

이제 막 시작하는 초보 셀러라서 상세페이지를 어떻게 만들어야 하는지 도저히 감이 오지 않으면 여러분이 판매하고자 하는 경쟁상품을 네이버 쇼핑에서 먼저 검색해 보시기 바랍니다. 그리고 1페이지에 상위 노출되고 있는 경쟁 상품들의 상세페이지를 자세히 살펴봅니다. 상품의 어떤 점을 강조하고 어떤 흐름으로 상세페이지를 만들었는지 면밀히 검토합니다. 그런 다음에 별점 5와 별점 1의 고객 리뷰를 읽어보고 상품의 어떤 점에 고객이 만족했고 불만족했는지를 분석한 후에 그런 사항들이 상세페이지에서 어떻게 반영되고 있는지 살펴봅니다.

그런데도 여전히 상세페이지를 어떤 구성으로 만들어야 하는지 잘 모르겠다면 이번에는 홈쇼핑의 쇼호스트가 상품을 어떻게 소개하는지 유심히 관찰해 보시기 바랍니다. 여러분이 홈쇼핑을 보고 어떤 지점에서 상품을 주문했는지 그 과정을 떠올려보면 상세페이지를 어떻게 만들어야 할지 좀 더 쉽게 이해가 될 것입니다.

꼭 필요한 물건도 아니고, 지금 당장 사야 하는 물건도 아닌데, 홈쇼핑 호스트의 설명을 듣다 보면 왠지 지금 사야 할 것 같고, 지금 주문하지 않으면 뭔가 굉장히 손해 보는 것 같고, 지금 아니면 다시는 이런 기회가 없을 거 같은 그런 기분이 들어서 주문한 경험이 있지 않은가요? 그렇기 때문에 여러분의 상세페이지도 고객이 그렇게 느낄 수 있도록 구성해야 합니다.

예를 들어 홈쇼핑 호스트가 여름 여자 속옷을 판다고 하면 드라이아이스를 이용해서 원단이 얼마나 통풍이 잘되는지를 직관적으로 보여줍니다. 또는 원단이 레이스라고 하면 손을 비춰보고 힘껏 당겨보면서 얇지만, 신축성도 좋고, 잘 찢어지지 않는다는 것을 직접 시연해서 보여줍니다. 왜냐하면 이런 방법들이 고객을 설득하는데 어떤 말이나 글보다 효과가 더 좋다는 것을 알기 때문입니다.

그래서 상품의 특징이나 장점을 보여주기 위해서는 단순한 이미지나 장황한 텍스트 설명보다는 동영상이나 움짤을 이용해서 직관적으로 보여주는 것이 훨씬 좋습니다.

여러분의 이해를 돕기 위해서 예를 하나 들어 볼까요?
남자 여름 정장 바지를 판매하기 위해서 상세페이지를 만든다고 가정할 때, 남자 여름 정장 바지가 필요한 남자 직장인 입장에서 필요한 상품의 조건을 미리 생각해 봅니다.

예를 들어 ① 덥지 않은 통기성이 좋은 시원한 원단에, ② 구김도 없고 후줄근하지 않는 핏에, ③ 활동하기 편한 신축성에, ④ 요즘 트렌드에 맞는 9부 정도 길이에, ⑤ 가성비 좋은 상품 등을 생각할 수 있습니다.

이렇게 구매 타깃층과 타깃층 고객의 니즈를 먼저 파악하게 되면 상세페이지를 어떤 식으로 만들어야 할지 큰 틀을 잡게 됩니다. 일단 큰 틀을 잡았으면 앞에서 언급한 상세페이지 흐름도, 즉 문제 인식〈해결〈장점〈혜택에 따라서 세부적으로 구성하면 됩니다.

좀 더 부연 설명을 해 볼까요?
상세페이지에서 가장 중요한 부분은 바로 문제 인식입니다. 예를 들어 고객이 여러분이 판매하는 상품에 관심이 있어서 여러분의 스토어에 들어와서 상세페이지를 클릭했는데, 섬네일과는 달리 상세페이지 내용이 별로라서 바로 나가버리는 경우라면 구매가 일어날 가능성이 거의 없습니다. 이런 경우가 바로 고객 유입만 있고 구매가 일어나지 않는 최악의 케이스입니다. 그렇기 때문에 구매가 일어나게 하려면 무조건 고객을 상세페이지에 오래 머무르게 만들어야 합니다. 그래서 상세페이지의 첫 부분은 고객의 관심을 끌 수 있는 문제 인식에 해당하는 멘트와 그와 관련된 직관적인 이미지를 등장시키는 것이 좋습니다.

예를 들어 잔뜩 구겨지고 땀에 절은 '남자 여름 정장 바지' 이미지를 제일 먼저 보여주면서 "혹시 지금까지 이런 바지를 입고 거래처 방문하신 적은 없으신가요?" 이런 멘트로 시작하면 고객의 관심을 끌기에 충분합니다. 그리고 뒤이어 상품의 필요성을 부각하는 내용이 나와야겠지요. 이쯤 되면 고객은 다음 내용이 궁금해집니다. 이때 등장하는 것이 바로 상품의 장점이나 특징입니다. 이 부분에서 텍스트보다는 직관적인 이미지나 움짤을 이용하면 고객을 설득하는데 훨씬 효과적입니다.

만약 바지에 구김이 생기지 않는다는 것을 보여주고 싶으면 손으로 바지 원단을 비비거나 움켜잡는 움짤, 또는 신축성이 있다는 것을 보여주고 싶으면 손으로 바지 원단을 힘껏 잡아당기거나 다리를 위나

옆으로 쭉 뻗는 움짤, 또는 통기성 좋은 시원한 원단이라는 것을 보여주고 싶으면 드라이아이스를 사용해서 연기가 통과되는 움짤 등을 보여주는 것입니다.

최소한 이런 기준에 맞춰서 상세페이지를 구성하면 상세페이지가 별로여서 고객이 금방 이탈하는 경우는 없을 겁니다.

다시 한번 더 강조하면 고객을 상세페이지에 오래 머무르게 해야 구매가 일어날 확률이 높아지게 됩니다.

06

상품 검색이 안 된다
상품 검색이 되게 하면 된다. 어떻게?

(1) 네이버 검색 광고 활용하기

앞에서 배운 상세페이지는 고객의 구매 전환율을 높이는 역할을 하므로 상세페이지를 잘 만들었다고 해서 무조건 판매로 바로 이어지는 것은 아닙니다. 그렇기 때문에 상세페이지를 잘 만들고 나면 무조건 외부에서 고객 유입 트래픽을 가져오는 작업을 해야 합니다. 즉 상품을 홍보할 수 있는 다양한 채널, 예를 들어 네이버 카페, 블로그, 밴드, 인스타그램, 페이스북, 유튜브 등의 채널을 잘 활용해서 고객 유입 트래픽을 가져와야 합니다. 하지만 외부에서 트래픽을 끌어올

마땅한 홍보 채널이 없다면 네이버 쇼핑 검색 광고를 활용해서 트래픽을 가져와야 합니다. 하지만 네이버 쇼핑 검색 광고만 한다고 해서 무조건 외부 유입이 발생하는 것은 아닙니다. 왜냐하면 네이버 검색 광고에서 제시하는 SEO(최적화 기준) 조건 때문입니다. SEO는 Search Engine Optimization 약자로 검색엔진에서 검색했을 때 상위에 나타나도록 정보를 최적화하는 것을 말합니다. 등록한 상품이 네이버 쇼핑에서 상위 노출이 되려면 적합도, 인기도, 신뢰도를 측정하는 검색 알고리즘 기준에 부합해야 합니다. 그리고 상위 노출을 위한 상품 검색 알고리즘은 무엇보다, 판매건수와 고객리뷰 건수가 많으면 상위로 노출해주는 로직이므로 판매건수와 고객리뷰를 어떻게 늘려야 할지에 대해서 노력을 집중해야 합니다.

<그림1> 네이버 상품검색 알고리즘

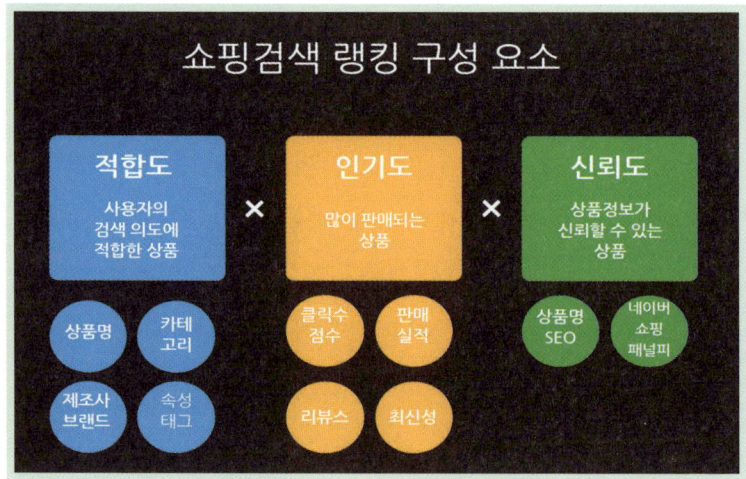

(2) 키워드 도구를 이용해서 블루오션 키워드 찾기

네이버 검색 광고의 핵심은 '키워드(key word)'입니다. 그렇기 때문에 네이버 쇼핑에서 여러분의 상품이 잘 검색될 수 있도록 상품명 키워드를 잘 찾아야 합니다. 아무리 좋은 상품을 소싱해서 상세페이지까지 완벽하게 잘 만들어 상품을 등록했어도 그 상품이 사람들에게 노출되지 않으면 아무 소용이 없습니다. 그렇기 때문에 상품명 키워드를 잘 찾는 것이 상위 노출을 위한 필수조건입니다.

그렇다면 네이버 쇼핑에서 여러분의 상품이 상위 노출이 되기 위해서 상품명의 키워드는 어떻게 찾아야 할까요? 무엇보다 상품명의 키워드는 사람들이 검색하는 키워드로 상품명을 만들어야 합니다. 혹여 여러분의 기분이나 생각에 따라서 즉흥적으로 떠오르는 단어나 또는 멋져 보이는 단어로 상품명을 만들면 절대로 안 됩니다.

그렇다면 상품명에 들어갈 키워드는 어떻게 찾아야 할까요?

먼저 네이버 광고(searchad.naver.com)에 로그인해서 광고 시스템을 클릭합니다. 만약 네이버 광고 계정이 없는 분은 네이버 광고 계정부터 먼저 만듭니다. 로그인해서 광고시스템을 클릭한 후에 키워드 도구를 클릭합니다. 그리고 검색 칸에 검색하고 싶은 특정 키워드를 넣고 조회하기 버튼을 누릅니다. 그러면 아래에 그 키워드와 연관된 키워드 조회 결과가 나타납니다. PC와 모바일 기준으로 월간 검색량 및 클릭수 등을 보여주는데, 요즘 사람들은 대부분 모바일로 쇼핑 검색

<그림2> 네이버 광고의 광고시스템 화면

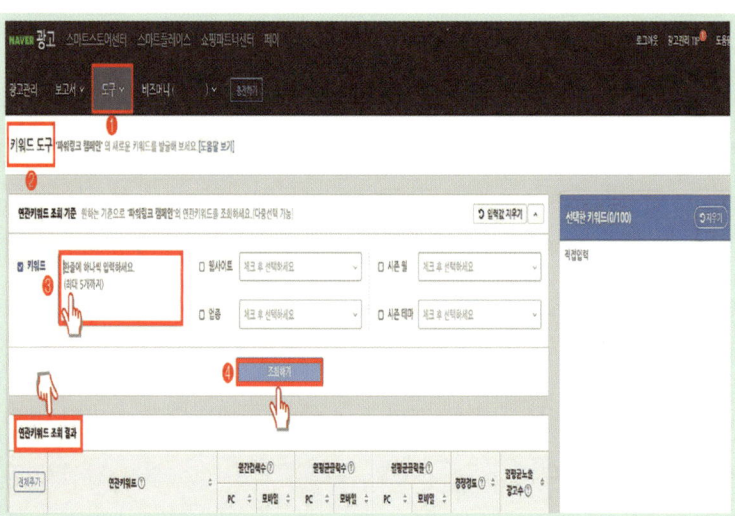

<그림3> 네이버 광고의 키워드 도구 화면

을 하기 때문에 모바일 기준으로 검색량을 체크하는 게 좋습니다.

예를 들어 여러분이 남자 여름 정장을 판매한다고 가정하면, 고객이 이 상품을 검색하기 위해서 어떤 키워드를 검색하는지 먼저 키워드 도구에서 확인해야 합니다.

키워드 도구의 검색 칸에 '남자 여름 정장'을 치고 조회하기를 눌러서 연관 키워드 조회 결과를 확인합니다. 굉장히 다양한 연관 키워드가 조회됩니다. 초보 셀러라면 사람들이 많이 검색하는 대형 키워드(1만건 이상)는 되도록 거르고 검색량이 2천건 이하인 소형 키워드를 집중 공략하는 것이 좋습니다. 왜냐하면 검색량도 적고 상품수도 적어서 경쟁이 낮은 키워드로 상품명을 만들면 적은 클릭 단가 광고비용으로 상위 노출의 효과를 볼 수 있기 때문입니다.

하지만 처음 스마트스토어를 시작하는 초보 셀러는 이런 세부적인 사항을 잘 모르기 때문에 무턱대고 사람들이 많이 검색하는 대형 키워드로 상품명을 만듭니다. 물론 이런 대형 키워드로 상품명을 만들어봤자 네이버 쇼핑에서 노출뿐만 아니라 검색조차 되지 않습니다. 당연히 고객 유입이 있을 리가 없으니 판매 또한 일어날 리가 없습니다.

아시겠지만, 검색량이 많은 대형 키워드는 그 키워드를 노리는 경쟁자가 엄청나게 많기 때문에 그만큼 경쟁이 치열합니다. 그리고 이런 대형 키워드에는 마케팅 대행사를 비롯한 큰 업체들이 경쟁하는 곳이기 때문에 초보 셀러가 진입할 수 없는 곳입니다. 설사 상위 노출을 위해서 비싼 클릭 광고(CPC: Cost Per Click)를 진행한다고 해도 광고 비용도 만만치 않겠지만, 상위 노출이 된다 하더라도 금방 뒤로 밀릴 확률이 높습니다. 그렇기 때문에 사람들이 많이 검색하는 대형 키워드는 무조건 거르는 것이 좋습니다.

이런 이유로 초보 셀러는 검색량이 2,000건 이하인 소형 키워드를 공략해서 상품명을 만드는 것이 상위 노출하기에 훨씬 유리합니다. 그리고 이런 소형 키워드를 찾았다고 해서 바로 네이버 쇼핑 검색 광고를 진행하지 말고, 몇 건의 구매 건수와 리뷰 건수를 먼저 만든 다음에 네이버 광고를 진행하는 것이 좋습니다. 왜냐하면 앞에서도 언급했듯이 상품 검색 알고리즘은 판매건수와 고객리뷰 건수가 많으면 상위 노출해주는 로직이기 때문입니다. 그래서 구매 건수와 리뷰 건수가 계속 쌓이게 되면 굳이 광고를 하지 않아도 네이버 검색 알고리즘은 경쟁이 높은 대형, 중형 키워드까지 잡을 수 있게 조금씩 상위 노출을 시켜줍니다.

만약 이것저것 신경 쓰고 싶지 않으면 무조건 많이 판매해서 구매 건수를 늘리는 것이 가장 좋습니다. 구매 건수를 늘리기 위해서는 지금까지 배운 모든 과정이 미리 세팅되어있어야 판매의 완성단계인 구매까지 이어지게 됩니다. 즉 모든 과정이 하나의 둥근 고리로 다 연결되어 있기 때문에 어느 한 가지도 소홀히 해서는 안 됩니다.

다시 정리하면 2,000건 이하의 소형 키워드를 찾은 후에 몇 건의 구매 건수와 리뷰 건수를 먼저 만들고 나서 네이버 쇼핑 검색 광고를 진행해야 저비용으로 상위 노출의 효과를 볼 수 있습니다.

(3) 소형 키워드 & 상품수 교집합 찾기

네이버 광고의 키워드 도구에서 특정 키워드를 확인한 결과 검색량이 적다고 해서 반드시 상위 노출되는 블루오션 키워드는 아닙니다. 검색량이 적은 소형 키워드라도 반드시 네이버 쇼핑에서 그 키워드로 등록된 상품수를 검색해봐야 합니다. 그래서 키워드 검색량과 상품수를 비교해서 어느 정도 경쟁 강도를 확인한 후에 그 키워드 채택 여부를 결정해야 합니다. 참고로 키워드 검색량 대비 상품수의 경쟁 강도는 아이템 스카우트(itemscout.io)를 활용해도 되지만, 블루오션 키워드를 찾는데 네이버 키워드 도구와 네이버 쇼핑 검색, 이 두 가지만으로도 충분합니다. 어떤 방법이든 결과 도출은 다 같기 때문에 시간 대비 효율성 측면에서 자신에게 가장 잘 맞는 방법을 찾아서 활용하면 됩니다.

이번에는 앞에서 배운 내용을 복습하는 차원에서 검색량도 적고 상품수도 적어서 경쟁이 낮은 블루오션에 키워드를 어떻게 찾는지 함께 연습해 보도록 하겠습니다.

예를 들어 네이버 광고의 키워드 도구에서 검색 칸에 '하얀티'라고 검색을 하면 월간 검색량이 모바일 기준으로 410건입니다. 검색량으로 보면 초소형 키워드에 해당하여 경쟁이 낮은 좋은 키워드라고 생각할 수 있지만, 이 키워드로 상품명을 만들어 네이버 검색 광고를 진행한다 해도 별로 효과가 없는 키워드입니다. 왜냐하면 앞에서도 언급했듯이 검색량이 적다고 해서 무조건 경쟁이 낮은 키워드는 아니기 때문입니다. 그렇기 때문에 반드시 네이버 쇼핑에서 '하얀티'로 검색을 해서 검색량 대비 등록된 전체 상품수가 몇 개나 되는지 확인한 후에 버려야 할 키워드인지, 아니면 살려야 할 키워드인지를 결정해야 합니다.

키워드 도구에서 보여주듯이 '하얀티'로 검색하면 모바일 월간 검색량이 410건이지만, 네이버 쇼핑에서 '하얀티'로 검색하면 등록된 전체 상품수가 무려 4,000만건이나 됩니다. 모바일 기준 월간 검색량이 410건이면 하루에 13건 정도 검색하는데 상품수가 4,000만건이면 '하얀티' 키워드는 당연히 버려야 하는 키워드입니다.

이런 식으로 검색량도 적으면서 상품수도 적은 진짜 경쟁이 낮은 블루오션 키워드를 찾아내는 게 핵심입니다. 이런 키워드를 찾게 되면 상위 노출에 유리할 뿐만 아니라 네이버 쇼핑 검색 광고를 실행할 할 때도 적은 광고비용으로 고효율의 광고효과를 볼 수 있습니다. 그렇기 때문에 이런 '블루오션 키워드'를 찾는데 많은 시간과 노력을 집중해야 합니다.

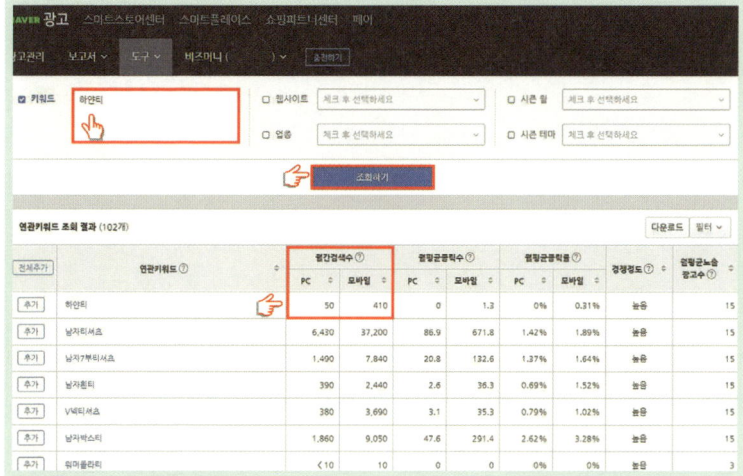

〈그림4〉 네이버 광고의 키워드 도구

 쉬어가는 코너

블루오션 키워드를 찾아서 네이버 쇼핑 검색 광고를 하는 이유는 상품 노출입니다. 그렇기 때문에 키워드를 찾고 네이버 쇼핑 검색 광고를 하고 나서는 광고한 상품이 네이버 쇼핑 어디쯤 노출되는지 반드시 확인해야 합니다.

만약 상품의 노출순위가 너무 뒤쪽으로 밀려나 있으면 상품명 키워드를 수정하고 광고 클릭 단가도 조정하면서 상품이 상위 노출될 수 있도록 해야 합니다.

이럴때 스마트 오너(smartowner.kr) 사이트를 활용하면 네이버 쇼핑에서 상품이 어디쯤 노출되는지 쉽게 확인할 수 있습니다. 자신의 쇼핑몰 이름과 검색하고자 하는 상품 대표 키워드를 치면 네이버 쇼핑에서 몇 페이지에 몇 번째로 노출되는지 결과를 바로 보여줍니다. 만약 여기서 검색이 안 된다면 네이버 쇼핑에서 일정 페이지 내에서는 상품이 검색이 안 된다는 의미이므로 키워드를 다시 찾아서 수정해야 합니다. 물론 필요하면 클릭 단가 비용도 조정해야겠지요.

 **잘 팔기 위한 스마트스토어 기본 세팅**

복습하고 정리한다는 의미로 '커플 맨투맨'을 판매한다고 할 때, 블루오션 키워드를 찾아서 상품명을 만들어 보세요.

PART 3

잘 파는 영업비밀 그대로 따라하기

01

내 스마트스토어에 가치 부여하기

(1) 지속적으로 성장 발전하는 사업체

스마트스토어를 시작하면 대부분 초보 셀러들은 들뜬 마음에 빨리 상품을 등록해서 팔고 싶어 합니다. 만약 의류를 판매한다면, 동대문 밤 시장에 가서 자신의 눈에 예뻐 보이고 가격도 저렴한 다양한 종류의 옷과 코디에 필요한 소품까지 많은 상품을 한꺼번에 사서 집으로 가져옵니다. 나름 예쁘게 촬영하고 편집해서 '금방 팔리겠지?'라는 기대감으로 자신의 스마트스토어 쇼핑몰에 빠르게 등록을 합니다. 하지만 하루가 지나고, 일주일이 지나고, 한 달이 지나도 상품이 잘 안 팔립니다. '어~ 왜 안 팔리지?' 이런 생각이 들지만, '처음이니깐, 자꾸 하다 보면 되겠지?'라는 생각으로 계속해서 상품을 등록합니다.

위탁판매 역시 마찬가지입니다. 도매 공급처에서 제공하는 상품의 섬네일, 상세페이지 이미지를 그대로 퍼 와서 자신의 스마트스토어에 올립니다. 사입에 비하면 직접 해야 할 일들이 많이 줄어들기 때문에 초보 셀러가 시작하기에 전혀 부담이 없습니다. 가끔 상품 이미지를 가공하기 위해서 통이미지를 자르고 편집해야 하는 약간의 수고스러움은 있지만, 크게 부담되지는 않습니다. 매일 꾸준하게 한 개씩 상품을 올리다 보면 그중에 한두 개 대박 상품이 나올 수 있다는 말에 열심히 상품을 등록합니다. 그런데 처음에 품었던 희망찬 기대와는 달리, 잘 안 팔립니다. '어~ 왜 안 팔리지?' 이런 생각이 들지만, '처음이니깐, 하다 보면 되겠지?' 이런 생각으로 계속해서 위탁판매 닥등(닥치고 상품 등록)을 합니다.

이렇듯 사입이든 위탁판매든 초보 셀러의 고민은 똑같습니다. '왜 잘 안 팔릴까?'입니다. 이 고민에 대한 제 생각은 이렇습니다. 상품을 계속 올리는데도 판매가 안 되면 고민만 하다가 결국 포기하고 접는 대신에 자신의 스마트스토어 운영방식을 점검해 볼 때라고 생각합니다. 자신만의 차별성 있는 아이템이나 구체적인 판매 방법이 없어도 상품만 열심히 등록하다 보면 '그중에 언젠가 한 개는 터지겠지?' 라는 운빨 마인드 역시 버려야 할 때라고 생각합니다.

스마트스토어도 엄연한 사업체입니다. 돈을 벌려고 시작했으면 그만한 노력을 해야 하는 것이 이치입니다. 그렇기 때문에 '왜 잘 안 팔리지?' 고민만 하지 말고 '어떻게 하면 잘 팔 수 있을까?'를 고민하면서 실질적인 방법을 모색하는 것이 순서입니다. 물론 초보 셀러에게 모든 게 처음이라서 서툴고 어렵게 느껴질 수 있지만, 직접 상품 사진도 찍어보고 상세페이지도 힘들게 만들면서 이런저런 고민의 시간을 가지게 되면 그 경험치가 고스란히 여러분의 자산으로 남게 됩니다. 이런 경험치가 하나둘씩 차곡차곡 쌓이게 되면 노하우가 생기고, 그 노하우는 여러분의 스마트스토어를 지속적으로 성장 발전 시켜 나가는데 큰 원동력이 됩니다.

그렇기 때문에 남들이 다 한다고 해서 준비 없이, 공부 없이, 계획이나 목표 없이 무턱대고 스마트스토어를 시작하는 것은 바람직하지 않다고 생각합니다.

저 역시 초보 셀러 때 여러분과 마찬가지로, 아무 준비 없이 그냥 시작했습니다. 하지만 되돌아보면 처음부터 제대로 공부하고, 준비하고, 계획이나 목표를 세워서 시작했더라면 '무의미하게 노력한 시간의 낭비를 막을 수 있지 않았을까?'라는 후회의 생각이 많이 듭니다. 그래서 이제 막 스마트스토어를 시작하는 초보 셀러라면 다음 질문에 답을 찾은 다음에 시작했으면 하는 바람이 있습니다.

'어떤 상품을 팔아야 할지? 시장성은 있는지? 타깃층은 누구인지?

그 타깃층의 니즈는 무엇인지? 경쟁 상품은 시장에서 어떤 위치인지? 경쟁 상품에서 고객이 느끼는 불편한 점은 무엇인지? 나는 그 문제점을 어떻게 개선해서 상품을 소싱할 것인지?'

적어도 이런 질문에 대해서 스스로 답을 찾기 위해 고민한다는 것은 그만큼 자신이 운영하는 스마트스토어에 가치를 부여한다는 의미입니다. 단순하게 '상품을 팔아서 돈을 벌어야지' 그 이상의 뭔가가 있다는 말입니다.

예를 들어 여러분이 운영하는 스마트스토어는 '사람들에게 꼭 필요한 좋은 상품을 찾아서 좋은 가격으로 사람들에게 소개해 주는 일'을 한다는 가치를 부여하면 상품을 찾는 소싱 단계부터 상세페이지를 만드는 단계까지 어느 하나도 허투루 대충대충 하지는 않을 겁니다. 그래서 이런 마음으로 스마트스토어를 운영하는 분과 '상품 질이 좋든지 말든지 나는 잘 모르겠고, 무조건 팔아서 마진만 남기면 된다'는 마음으로 스마트스토어를 운영하는 분과의 성과 차이는 분명히 엄청날 거로 생각합니다.

(2) 오프라인 사업 마인드

스마트스토어를 처음 시작하는 대부분 초보 셀러는 스마트스토어를 쉽게 생각합니다. 자기 돈이 들어가지 않아서인지 부담 없이 가볍게 시작하는 경향이 있습니다. 엄연한 이커머스 비즈니스(E-commerce business)임에도 불구하고 준비 없이, 공부 없이, 계획이나 목표 없이 그냥 일단 시작부터 합니다. 남들이 스마트스토어로 얼마를 벌었다고 하니깐, '나도 빨리 오픈해서 저렇게 돈 벌어야지'라는 그 마음뿐입니다. 스마트스토어에 상품만 등록하면 저절로 판매가 척척 될 거라는 착각으로 시작을 합니다. 그러다 잘 안되면 '뭐 딱히 금전적인 손해는 없으니 접고 다른 거 알아보면 되지'라는 이런 절실함이 없는 마인드로 시작을 하는데 잘 될 리가 없겠지요.

이번에는 '내 돈 거금 1억원'을 들여서 동네에 카페를 차린다고 가정해 볼까요? 이런 경우 '뭐 잘 안되면 접으면 되지?' 이런 마음으로 시작하시는 분은 아마 아무도 없을 겁니다.

'어떤 고객층이 주요 소비층이 될 것인지? 유동인구는 얼마나 되는지? 시간대별로, 평일과 주말에 오는 고객층은 어떻게 되는지? 주변에 경쟁업체가 있는지? 판매하고 있는 음료와 사이드 메뉴의 맛은 어떤지?'

이렇게 많은 시장조사와 분석을 통해서 '어떻게 하면 잘 될 수 있을까?'에 대해서 철저하게 고민하면서 '확신'이 들 때까지 신중에 신중을 거듭해서 결정을 할 것입니다.

스마트스토어 역시 마찬가지입니다. 여러분의 귀중한 돈이 엄청나게 들어가는 오프라인 사업체라는 생각으로 스마트스토어를 시작해야 합니다. 별거 아닌 거 같지만, 이런 생각과 마인드를 가지고 시작하면 그 자체가 벌써 남들과 다른 차별성을 가지게 되는 것입니다. 이는 궁극적으로 여러분의 스마트스토어를 성장시키고 발전시키는 데 좋은 영양분의 밑거름이 될 것입니다.

02

상품 소싱하기 전에 키워드부터 찾기

저도 처음 스마트스토어를 시작할 때 남들과 똑같은 방식으로 운영했습니다. 판매가 잘 되었을까요? 절대 아니죠. 물론 한두 개씩은 팔려도 폭발적인 판매는 이루어지지 않았습니다. 역시 남들처럼 '왜 안 팔리지?' 이렇게만 생각하고 아이템만 바꿔가면서 계속 똑같은 방식으로 상품을 올렸습니다.

그러다 어느 날부터는 하루에 올리는 상품 개수를 10개까지 늘려보았습니다. '이렇게 많이 올리다 보면 그중에 하나는 터지겠지? 그리고 고객이 우리 쇼핑몰에 들어왔을 때 상품이 많으면 다른 상품도 같이 구매하지 않을까? 이러면 객단가(AOV: Average Order Value, 고객이 1회 구매시 결제하는 평균금액)도 높아지면서 매출도 오르겠지?' 이런 여러가지 효과를 기대하면서 단순노동이지만 결코 쉽지 않은 상품 등록을 그것도 매일 10개씩 했습니다. 그런데도 결과는 기대 이하였습니다.

제 나름대로는 판매를 늘려보고자 이것저것 해봤지만, 판매가 급증해서 매출이 대박 나는 그런 일은 일어나지 않았습니다. 그렇게 1년 6개월의 무의미한 힘든 노력의 시간이 흘러갔습니다. 그러던 어느 날 뜬금없이 '대박 상품 하나만 걸려라' 이런 식의 운(運)빨 마인드로 사업을 하는데 잘 될 리가 없는 게 당연하다는 생각이 드는 것이었습니다. 그래서 이렇게 남들 하는 대로 똑같이 해서는 안 되겠다는 생각으로 그날부터 남들과는 다른 '저만의 그 무엇'을 찾기 위한 여정을 처음부터 다시 시작했습니다.

제일 먼저 잘 파는 셀러들의 온라인 쇼핑몰을 꼼꼼히 벤치마킹하기 시작했습니다.

'같이 시작한 스마트스토어인데 누구는 잘 팔고 누구는 못 팔고? 어떤 점에서 차이가 있길래? 구매 999+, 리뷰 999+, 이 정도로 고객들의 선택을 받는 걸까?'

이런 생각으로 잘 파는 셀러들이 판매하고 있는 상품의 상품명, 섬네일, 상세페이지까지 꼼꼼하게 살펴보고 필요한 부분은 하나씩 메모하기 시작했습니다. 그러면서 제 쇼핑몰의 상품명도 바꿔보고, 섬네일 사진도 다르게 찍어보고, 상세페이지의 포맷도 잘 파는 셀러들이 하는 대로 어떤 흐름과 구성에 맞춰서 만들어보고, 그렇게 해서 조금씩 변화를 시도해 나갔습니다.

이런 변화 속에 어느 날 갑자기 한 상품에 대한 주문이 1건, 3건, 5건 이런 식으로 주문량이 계속 늘면서 매일 주문이 들어오는 겁니다. 예전 같으면 '좋은 물건을 싸게 파니깐 사람들이 많이 사는구나.' 이렇게 단순하게 생각하고 말았겠지만, 이번에는 왜 판매가 잘 되는지 조사를 해봤습니다.

먼저 네이버 쇼핑에서 검색이 되는지 상품명 키워드 '여자 원피스'로 검색을 해봤습니다. 당연히 제 상품이 나올 리가 없지요. 이번에는 다른 키워드 '카키색 원피스'로 검색해봤습니다. 이 당시에는 키워드의 중요성을 잘 몰랐기 때문에 생각해서 만든 키워드는 아니었습니다. 다만, 원피스 색상이 카키색이었기 때문에 카키색 색상을 넣어서 상품명을 만들었을 뿐이었습니다. 그런데 '카키색 원피스' 키워드로 검색을 해보니 제 상품이 2페이지에서 보이는 겁니다. 지금 생각해보면 키워드가 상위 노출되어 고객 유입과 구매가 일어나고 리뷰까지 하나둘씩 쌓이면서 이러한 결과를 만들어 낸 것으로 생각합니다. 그리고 남들과 다른 섬네일도 구매 건수를 올리는데 한 못했다고 생각합니다. 그 당시 대부분 섬네일은 카키색 원피스를 입고 있는 여자 모델 사진밖에 없었습니다. 근데 저는 '남녀 커플룩' 콘셉으로 찍은 사진을 섬네일로 만들어 올렸기 때문에 아마도 이런 차별성으로 고객의 눈에 띄어서 고객 유입과 구매까지 이어졌다고 생각합니다.

앞에서도 언급했듯이 저는 그 당시에 '키워드'의 중요성을 잘 몰랐습니다. 하지만 잘 파는 셀러들을 열심히 벤치마킹하는 과정에서 여러 방법을 제 쇼핑몰에 접목해서 다양한 시도를 하고 있었습니다. 그런 와중에 제 판매 상품이 네이버 쇼핑에 노출되기 시작하면서 판매가 일어나게 되었습니다.

이런 과정들을 차근하게 복기(復碁)를 하다 보니 여기저기 흩어진 퍼즐 조각들이 하나씩 맞춰지면서 큰 그림이 완성되는 느낌을 받았습니다. 즉 '상위 노출되는 키워드'가 바로 '유레카'라는 사실을 깨닫게 되었습니다. 그리고 그날 이후 제 쇼핑몰에 올리는 상품은 하나같이 잘 팔리기 시작하면서 저만의 블루오션을 찾게 되었습니다.

핵심 포인트

네이버 쇼핑, 네이버 광고, 네이버 스마트스토어 등, 네이버의 핵심은 '키워드'입니다. 그렇기 때문에 상품명을 만들 때는 고객이 네이버 쇼핑에서 검색하는 키워드로 상품명을 만들어야 합니다. 고객이 검색하는 키워드는 네이버 광고의 키워드 도구에서 확인할 수 있습니다. 그리고 검색량이 2,000건 이하인 소형 키워드를 여러 개 찾아서 메인 키워드와 잘 조합해서 상품명을 만들면 상위 노출될 가능성이 커집니다.

물론 검색량이 적은 소형 키워드라고 해도 네이버 쇼핑에서 그 키워드로 전체 상품수를 확인해야 합니다. 왜냐하면 검색량만으로 경쟁 강도를 결정할 수 없기 때문에 검색량보다 상품수가 많으면 경쟁이 치열하다는 의미이므로 이런 키워드는 무조건 걸러야 합니다.

이런 식으로 블루오션 키워드를 찾아 나가면 키워드 찾는 법에 대한 기본 세팅은 끝나게 됩니다.

 쉬어가는 코너

여러분이 여자 블라우스를 판다고 가정할 때, 네이버 쇼핑에서 상위 노출될 수 있도록 세부 블루오션 키워드를 찾아서 직접 상품명을 만들어 보시기 바랍니다.

 **키워드 찾는 법 연습하기**

1단계: 네이버 광고의 키워드 도구에서 '여자 블라우스' 키워드를 조회해서 모바일 월간 검색량 확인하기

2단계: '여자 블라우스'가 대형 키워드라면 연관 키워드 조회 결과에서 검색량이 2,000건 이하의 소형 키워드를 찾기

3단계: 2단계에서 찾은 소형 키워드를 네이버 쇼핑에서 검색해서 상품수를 검색하기

4단계: 2~3단계 과정을 반복하면서 검색량과 상품수를 비교해서 경쟁이 낮은 블루오션 키워드 2~3개를 찾기

5단계: 4단계에서 찾은 블루오션 키워드를 가지고 메인 키워드 '여자 블라우스'와 잘 조합해서 최종적인 상품명 만들기

여러분이 앞에서 찾은 키워드가 진짜 블루오션 키워드인지 저와 함께 '여자 블라우스' 메인 키워드를 가지고 블루오션 키워드를 함께 찾아보도록 하겠습니다.

먼저 네이버 광고의 키워드 도구에서 '여자 블라우스' 키워드를 조회하면 월간 검색량이 PC와 모바일 합쳐서 1만건 정도이며, 모바일 기준으로는 9천건이 넘는 대형 키워드입니다. 그래서 '여자 블라우스' 키워드는 거르고 대신에 검색량이 2,000건 이하인 소형 키워드를 찾아봅니다.
다음 그림에서 보이는 것처럼 '구김 없는 블라우스' 키워드는 모바일 기준 월간 검색량이 320건으로 초소형 키워드입니다. (제 기준으로 월간 검색량이 500건 이하이면 초소형 키워드) 이번에는 네이버 쇼핑에서 '구김 없는 블라우스'로 조회를 하면 전체 상품수가 932건밖에 안 됩니다. 참고로 의류 판매에서 이 정도 상품수는 경쟁이 그렇게 높지 않은 것이므로 '구김 없는 블라우스' 키워드는 상품명에 사용해야 하는 키워드입니다.
이런 식으로 2~3개의 소형 키워드를 더 찾아서 메인 키워드 '여자 블라우스'와 잘 조합해서 상품명을 만들면 일단 상위 노출을 위한 기본 세팅은 만들어진 셈입니다. 물론 상품명을 만들고 나서 몇 건의 구매 건수와 리뷰 건수를 만들어 놓은 후에 네이버 쇼핑 검색 광고를 활용하면 적은 클릭 단가 비용으로 좋은 광고 효과를 볼 수 있습니다.

<그림1> 네이버 광고의 키워드 도구

03

아이템 역소싱 키워드 찾기

앞에서 상품명을 만들기 전에 키워드를 찾는 방법에 대해서 대략 살펴보았습니다. 이장에서는 현재 제가 하는 방법으로 아이템을 소싱하기 전에 키워드부터 찾고, 그 키워드에 맞춰서 아이템을 소싱하는 소위 '아이템 역소싱 키워드' 찾는 방법에 대해서 살펴보도록 하겠습니다. 앞에서 배운 블루오션 키워드 찾는 법을 좀 더 세부적으로 설명하는 부분입니다.

'아이템 역소싱 키워드' 방법은 대부분 초보 셀러가 하는 방법, 즉 판매자로서 자신이 팔고 싶은 상품, 관심 있는 상품, 좋아 보이는 상품을 정한 다음에, 상품을 사서 사진을 찍고, 상세페이지를 만들고, 네이버 쇼핑 검색 광고를 진행하는 순서와는 좀 다릅니다. 즉 제가 하는 방법은 이렇습니다.

먼저, 네이버 데이터랩을 이용해서 사람들이 관심 있고 원하는 상품이 무엇인지 먼저 파악합니다. 그중에 더 관심이 가는 특정 분야의 카테고리를 정한 다음, 네이버 광고의 키워드 도구와 네이버 쇼핑 검색을 활용해서 검색량도 적고 상품수도 적은 경쟁이 낮은 '블루오션' 키워드를 2~3개 정도 찾습니다. 그리고 그 키워드에 딱 맞는 콘셉의 상품을 사서 상품의 품질을 확인합니다. 그런 다음 타깃 고객층을 정하고 그들의 니즈를 파악한 후 섬네일과 상세페이지를 어떤 콘셉으로 만들지에 대해서 고민합니다. 고민의 내용은 어떻게 하면 기존의 경쟁 상품과 차별화를 만들어 낼 수 있는지에 대해서 생각을 정리한 다음, 제품 사진을 찍고 상세페이지를 만듭니다. 마지막으로 네이버 쇼핑 검색 광고를 돌리기 전에 지인 찬스를 이용해서 구매 건수와 리뷰 건수를 몇 건 만든 후에 네이버 쇼핑 검색 광고를 돌립니다.

이 모든 과정은 구매 건수를 늘리고 매출을 늘리는 데 각각 중요한 역할을 합니다. 하지만 그중에서 최고는 바로 '블루오션 키워드' 찾기입니다. 왜냐하면 아무리 좋은 상품을 소싱하고 차별화된 섬네일과 상세페이지를 만들어 상품 등록을 해도 이 상품이 사람들에게 노출되지 않으면 아무 소용이 없기 때문입니다.

자, 그러면 지금부터 제가 직접 하고 있는 소위 '아이템 역소싱 키워드' 찾는 방법을 하나씩 살펴보도록 하겠습니다.

(1) 사람들의 관심 상품 알아보기

어떤 상품을 팔아야 할지에 대해서 도저히 모르겠다면 먼저 네이버 데이터랩에서 쇼핑 인사이트를 클릭해서 분야별 인기 검색어들을 한 번 쭉 살펴보시기 바랍니다.

분야별로 클릭해서 인기 검색어를 살펴보다 보면 요즘에 어떤 상품들이 사람들의 관심을 받고 있는지 대략적인 윤곽을 잡을 수 있습니다. 이 중에서 여러분이 특히 관심 있는 상품 분야의 한 카테고리를 선택해서 인기 검색어를 다시 한번 쭉 살펴봅니다. 이때 눈에 들어오는 키워드가 있으면 그 키워드를 중심으로 '블루오션 키워드'를 찾아가는 출발점으로 삼으면 됩니다.

저는 의류 쇼핑몰을 운영하기 때문에 의류 예시를 많이 들었는데 이번에는 생활/건강 분야의 안마용품 카테고리에서 한 예를 들어 설명해 보도록 하겠습니다.

먼저 네이버 데이터랩에서 보여주는 쇼핑 인사이트에서 생활/건강 분야에서 안마용품 카테고리를 클릭해서 조회하기를 누르면 안마용품 클릭량 추이, 안마용품 인기 검색어, 기기별/성별/연령별 비중을 보여주는 데이터가 쭉 보입니다. 여기서 인기 검색어 중에서 1위 '마사지건'으로 상품 키워드를 찾아보도록 하겠습니다.

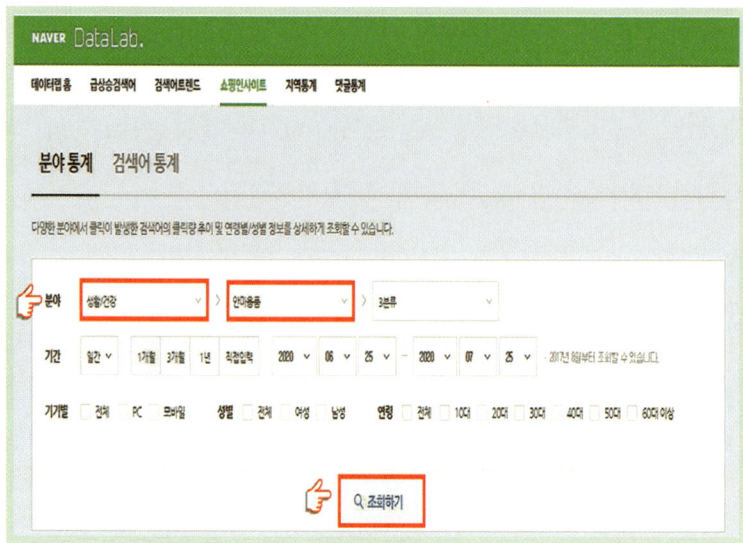

<그림 1> 네이버 데이터랩

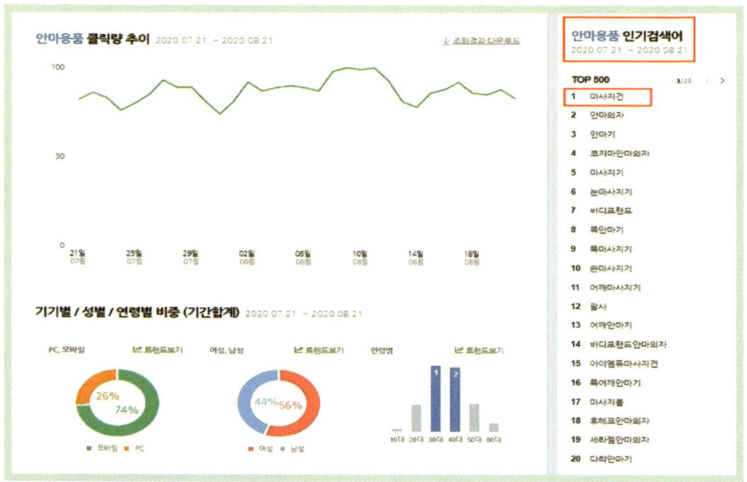

<그림 2> 네이버 데이터랩 인기 검색어

(2) 네이버 광고의 키워드 도구 활용하기

먼저 네이버 광고에 로그인해서 키워드 도구를 엽니다. 키워드 검색 칸에 '마사지건'을 치고 조회하기를 누릅니다. 혹시 이 부분을 아직도 눈으로만 읽고 있는 분이 계신가요? 노노노노! 절대로 눈으로만 읽으면 안 됩니다.

"잘 팔고 싶다면서요? 매출 올리고 싶다면서요? 그래서 돈을 벌고 싶다면서요?"

그러면 눈으로만 읽고 그냥 넘어가면 안 됩니다. 지금 바로 컴퓨터 앞에 앉아서 제가 알려주는 방법대로 직접 그대로 따라 하면서 배워 익혀야 합니다. 그렇게 해야 여러분 것으로 체화(體化)되면서 실력이 늘게 됩니다.

다시 본론으로 들어가서, '마사지건' 키워드로 월간 검색량을 조회하면 모바일 기준으로 15만건이 훌쩍 넘어갑니다. 모바일 하루 검색량으로 나눠보면 '마사지건'으로 일 검색량이 5,000건이 넘습니다. '와' 사람들이 마사지건을 이렇게나 많이 검색한다는 사실을 아셨나요? 아무튼 엄청난 대형 키워드입니다. 초보 셀러라면 당연히 패스해야 하는 키워드이지만, 저는 이 키워드로 상품이 얼마나 등록되어 있는지 궁금해서 네이버 쇼핑에서 '마사지건'으로 검색을 해봤습니다. 당연히 상품수는 검색량보다 훨씬 많을 거로 생각했는데 예상 밖으로 검색량에 비해서 상품수는 2.8만건 밖에 안 됩니다. 검색량에 비해서 상품수가 적을 때는 그 이유를 분석해 봐야 합니다.

검색해보면 아시겠지만, 안마용품들은 대부분 브랜드 제품이 많습니다. 그렇기 때문에 이런 브랜드 상품들은 아무나 가져다가 팔 수 있는 구조가 아니기 때문에 검색량에 비해서 월등히 상품수가 적은 이유이며 경쟁 또한 낮은 이유입니다.

그래서 브랜드 키워드는 검색량이 아무리 많고 상품수가 아무리 적다고 해도 상표권으로 등록된 경우가 대부분이므로 저작권에 위배되는 것을 미연에 방지하려면 브랜드 키워드는 무조건 패스하는 것이 좋습니다. (참고로 상표권 등록 여부 확인은 키프리스 www.kipris.or.kr) 그리고 여기에서 여러분이 알아야 할 중요한 사항은 스마트스토어의 출발지가 비록 위탁판매 상품이더라도 종착지는 자체 브랜드 상품으로 가야 한다는 것입니다. 왜냐하면 위의 예시에서 보여준 것처럼 브랜드 제품은 치열한 경쟁은 피하고 마진은 높게, 그리고 무엇보다 자신만의 블루오션을 만들어 가면서 지속적인 매출 증가를 이룰 수 있게 해주기 때문입니다.

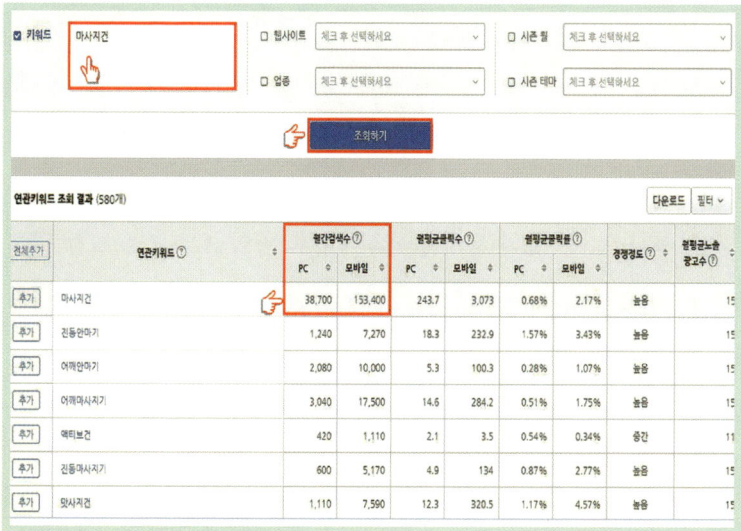

<그림3> 네이버 광고의 키워드 도구

이번에는 '마사지건' 연관 키워드 조회 결과에서 경쟁이 낮은 키워드를 찾아서 스크롤 바를 아래로 쭉 내려봅니다. 키워드 검색량과 상품수를 비교해서 경쟁 강도가 낮은 세부 키워드를 찾기 위해서 검색량이 적은 소형 키워드부터 살펴봅니다.

'근막 마사지' 키워드가 눈에 들어옵니다. 모바일 기준으로 월간 검색량이 1,100건으로 소형 키워드로 딱 좋습니다. 다음 단계는 네이버 쇼핑에서 '근막 마사지' 키워드를 검색해 봅니다. 전체 상품수가 2만 건이 넘습니다. 검색량 대비 상품수가 너무 많기 때문에 이 키워드는 걸러야 합니다.

이번에는 '근막 마사지' 키워드로 다시 키워드 도구에서 조회하기 누르고 연관 키워드 조회 결과를 쭉 살펴봅니다. 좀 생소한 키워드 '근막 테라피'가 보입니다. 월간 모바일 기준 320건이면 초소형 키워드에 해당합니다. 검색량이 적긴 한데, 이런 키워드가 어찌 보면 알짜배기일 수 있습니다. 그렇기 때문에 네이버 쇼핑에서 '근막 테라피'로 검색을 해봐야 합니다. '헐~대박!' 네이버 쇼핑에서 '근막 테라피' 키워드로 등록된 총 상품수는 286건밖에 안 됩니다. 당연히 이 키워드는 상품명을 만들 때 사용해야 합니다 '근막 테라피' 같은 블루오션 키워드 2~3개 더 찾아서 메인 키워드 '마사지건'과 조합해서 상품명을 만들고 '근막 테라피'로 팔 수 있는 아이템을 소싱하면 됩니다.

키워드 도구		근막 마사지	총검색량	근막 테라피	총검색량
월간 검색량	모바일	1,100	1,340	320	380
	PC	240		60	
네이버 쇼핑 전체 상품수		20,278		286	
경쟁강도		15.13%		0.75%	

<표 1> 키워드 도구와 네이버 쇼핑 검색을 이용해서 키워드 찾기
*검색 결과는 날짜에 따라 상이할 수 있음

다음 단계는 '근막 테라피'로 팔 수 있는 아이템을 소싱하기 전에 네이버 쇼핑에서 '근막 테라피' 키워드로 검색을 해서 어떤 상품들이 판매되고 있는지 쭉 살펴봅니다. 그래야 '근막 테라피' 키워드로 어떤 상품을 소싱해서 팔아야 할지 감을 잡을 수 있습니다. 이런 과정을 통해서 아이템을 선정한 다음, 그 아이템을 안정적으로 공급받을 수 있는 공급업체나 직수입업체를 찾아서 샘플을 받고 상품 검수를 합니다. 가성비 좋은 상품이라는 결론에 도달하면 직접 상품 사진을 찍어 차별성 있는 섬네일과 상세페이지를 만들어 상품 등록을 하면 기본 세팅은 만들어지게 됩니다.

마지막으로 네이버 쇼핑 검색 광고를 실행하기 전에 몇 건의 구매 건수와 리뷰 건수를 만든 후에 네이버 쇼핑 검색 광고를 실행하면 상위 노출을 위한 모든 기본 세팅은 비로소 끝나게 됩니다.

여기서 한 가지 더 언급할 사항은 네이버 쇼핑 검색 광고의 효과를 높이기 위해서 광고를 실행하기 전에 몇 건의 구매 건수와 리뷰 건수를 만들어 놓는 게 좋다고 해서 어뷰징이나 조작과 같은 잘못된 방법으로 구매 건수와 리뷰 건수를 만들면 절대로 안 됩니다. 이는 결국 여러분의 쇼핑몰에 악영향을 끼치는 부메랑으로 되돌아오게 됩니다. 그렇기 때문에 재차 반복해서 강조하지만, 어뷰징이나 조작으로 구매 건수나 리뷰 건수를 만들면 절대로 안 됩니다. 그냥 친한 지인들에게 아래와 같은 멘트를 날려주면 다 알아서 구매도 해주고 센스 있는 지인은 기분 좋은 리뷰도 남겨줍니다.

"이번에 스마스스토어 오픈했는데 이 상품 내가 써보니 좋더라. 친구 쇼핑몰 잘 되라는 의미에서 부모님께 선물하면 아마 많이 좋아하실 거다. 그리고 상품 받으면 정성스러운 리뷰 남기는 것도 잊지 말고, 알았지 친구!" 지인 찬스는 이렇게 사용하는 게 가장 좋습니다. 아시겠죠?

요약하면 키워드부터 찾고, 그 키워드에 맞춰서 상품을 소싱하고, 바로 네이버 쇼핑 검색 광고를 실행하지 말고, 구매와 리뷰 건수를 몇 건이라도 만든 후에 마지막으로 네이버 쇼핑 검색 광고를 돌리는 게 기본 순서입니다. 그리고 위와 같은 과정을 반복해서 상위 노출시키고 싶은 소형 세부 키워드를 2~3개 더 찾아서 메인 키워드와 적절하게 잘 조합해서 상품명을 만들면 됩니다.

(3) 아이템 역소싱 키워드 찾기 실전연습

복습 차원에서 앞에서 배운 '아이템 역소싱 키워드' 찾는 방법을 실전처럼 연습을 한 번 해볼까요?
먼저 네이버 광고의 키워드 도구 검색 칸에 '남자 여름 바지'를 치고 조회하기를 누릅니다.
'남자 여름 바지' 키워드는 월간 검색량이 모바일 기준으로 3.2만건이 넘어가는 대형 키워드이므로 이 키워드는 걸러야 합니다. 근데 이 키워드로 상품수가 얼마나 되는지 궁금하면 네이버 쇼핑에서 '남자 여름 바지'로 검색을 해봅니다. 총 상품수가 140만건 이상으로 검색량과 비교해 보면 경쟁 강도가 엄청납니다.
다시 네이버 광고의 키워드 도구로 와서 다른 소형 키워드를 찾아야 합니다. 이때 소형 키워드를 찾아가는 과정은 다음 두 가지 방법이 있습니다.

첫 번째는 메인 키워드 '남자 여름 바지'로 검색한 결과에서 검색량이 적은 키워드를 선택한 다음, 그 키워드로 다시 검색해서 파생된 연관 키워드를 살펴봅니다. 이런 식으로 키워드를 찾아서 넣고 조회하기를 반복하다 보면 더 많은 세부 키워드를 찾을 수 있습니다.

두 번째는 메인 키워드 '남자 여름 바지'에서 필요한 키워드와 여러분이 직접 생각한 키워드를 조합해서 키워드를 만든 후에 그 키워드를 키워드 도구 검색 칸에 넣고 조회하기를 눌러서 세부 키워드를 찾아도 됩니다.

예를 들어 메인 키워드 '남자 여름 바지'에서 '바지' 키워드와 제가 생각해낸 키워드 '신축성'을 조합해서 '신축성 바지' 키워드로 검색한 후에 검색량이 적은 소형 키워드를 찾으면 됩니다. 어떤 방법이든지 키워드를 찾아가는 기본 과정은 같기 때문에 자신에게 맞는 방법으로 하면 됩니다.

이번에는 메인 키워드 '남자 여름 바지'에서 '남자 바지' 키워드와 제가 생각해낸 '구김 없는' 키워드를 조합해서 '구김 없는 남자 바지'를 키워드 도구에서 조회해 보도록 하겠습니다. 월간 검색량이 모바일 기준 20건으로 검색량이 너무 적습니다. 이렇게 검색량이 적은 키워드는 상품수를 검색할 필요도 없이 무조건 걸러야 합니다. 사람들이 거의 찾지 않는 검색어는 상품수가 아무리 적더라도 무조건 버려야 하는 키워드입니다.

그렇다면 '구김 없는 남자 바지'에서 '남자' 키워드를 빼고 '구김 없는 바지'로 검색해 봅니다. 월간 총검색량이 780건이며 모바일은 660건입니다. 네이버 쇼핑에서 '구김 없는 바지'로 검색하면 총 상품수는 4,518건입니다. 검색량 대비 상품수의 경쟁 강도는 약 6%로 의류치고는 그렇게 높지 않습니다.

이번에는 키워드 조합을 '구김 없는 여름 바지'로 검색해 보겠습니다. 월간 총검색량이 70건이며 모바일이 60건입니다. 검색량이 너무 적어서 버려야 하는 키워드이므로 굳이 네이버 쇼핑에서 상품수를 검색할 필요는 없습니다. 하지만 이 키워드로 상품이 몇 개나 등록되었는지 궁금한 분을 위해서 네이버 쇼핑에서 검색해 보도록 하겠습니다. 전체 등록된 상품수가 1,061건입니다. 그렇기 때문에 '구김 없는 여름 바지'처럼 검색량이 너무 적은 키워드는 결과에서 보이는 것처럼 상품수를 검색할 필요 없이 무조건 미련 없이 버리면 됩니다.

아래 표를 참고하면 어떤 키워드를 선택해서 상품명을 만들어야 할지 감이 올 겁니다. 여기서는 '구김 없는 바지' 키워드를 선택하면 됩니다. 그리고 이 키워드와 조합할 2~3개 세부 키워드를 찾아서 네이버 쇼핑에서 상위 노출될 수 있도록 키워드를 잘 조합해서 상품명을 만듭니다. 그리고 그 상품명에 맞춰서 아이템을 소싱하면 됩니다.

키워드 도구		남자 여름 바지	총 검색량	구김 없는 바지	총 검색량	구김 없는 여름바지	총 검색량
월간 검색량	모바일	31,600	39,630	660	780	10	70
	PC	7,340		120		60	
네이버 쇼핑 전체 상품수		1,482,157		4,518		1,061	
경쟁강도		37.40%		5.79%		15.16%	

〈표 2〉 키워드 도구와 네이버 쇼핑 검색을 이용해서 키워드 찾기
 *검색 결과는 날짜에 따라 상이할 수 있음

04

상위 노출을 위한 블루오션 키워드 찾기

이번에는 여러분들이 고객 입장이 되어 '여름 블라우스'를 사기 위해 네이버 쇼핑에 들어왔다고 가정해 보겠습니다. 네이버 쇼핑 검색에서 '여름 블라우스' 키워드를 치면 등록된 전체 상품수가 무려 110만 개가 넘습니다.

1페이지에 상위 노출된 상품들을 쭉 살펴보면 상단 1위에서 3~4위까지는 광고를 진행한 상품들이 있고, 그다음으로는 구매 건수와 리뷰 건수가 많은 상품이 쭉 보이게 됩니다.

여기서 여러분이 '여름 블라우스'를 사고 싶은 고객이라면 상위 노출된 상품 중에서 가장 먼저 클릭하게 되는 상품은 아마도 구매 건수와 리뷰 건수가 많은 상품일 것입니다. 다음으로 눈에 띄는 상품으로 럭키투데이 같은 할인 딱지가 붙은 상품을 클릭하거나, 또는 특별히 눈에 띄어 시선을 사로잡는 섬네일 상품 사진을 클릭할 것입니다.

이런 순서로 상품들을 클릭해서 상세페이지까지 살펴본다고 해도 보통 3~5페이지 이내 정도까지만 검색하는 게 대부분입니다. 계속 검색하다 보면 상품들이 거의 비슷하다는 느낌이 받기 때문에 대부분 앞 페이지에서 쇼핑을 끝내는 경우가 많습니다.

그렇기 때문에 여러분의 상품을 네이버 쇼핑에서 상위 노출하고자 한다면 적어도 3~5페이지 이내에 노출될 수 있도록 네이버 쇼핑 검색 광고를 진행하는 것이 좋습니다. 왜냐하면 아무리 좋은 상품도 사람들에게 노출되지 않아서 판매가 일어나지 않으면 아무 소용이 없기 때문입니다.

그리고 설령 상위 노출이 되어도 고객 입장에서는 구매 건수와 리뷰 건수가 많은 상품에 신뢰를 하기 때문에 그런 상품들부터 먼저 클릭을 하게 됩니다. 이렇게 많은 사람이 구입하고 후기를 남겼다는 건, 그 상품을 믿고 사도 좋다는 증거이기 때문에 고객들은 대부분 이런 상품을 구매하게 됩니다. 그렇기 때문에 쇼핑 검색 페이지를 5~10페이지까지 계속 뒤로 넘기면서 쇼핑하는 고객은 거의 없습니다.

저 역시 필요한 물건을 사기 위해서 네이버 쇼핑에서 특정 키워드로 검색해서 1페이지에 상위 노출되는 상품 중에서 구매를 합니다.

앞에서 살펴본 것처럼 네이버 쇼핑에서 사람들이 상품을 구매하는 패턴이 이런 식으로 이루어지기 때문에 구매 건수와 리뷰 건수가 많은 상품이 계속해서 잘 팔리는 것입니다. 즉 잘 팔리는 상품은 계속해서 고객을 불러 모으고, 구매 건수가 계속 늘어나고, 그로 인해 매출이 증가하는 선순환의 고리가 만들어지게 됩니다.

그래서 상품 상위 노출이 중요하며, 구매 건수를 늘리고 리뷰 건수를 확보하는 것이 중요한 이유입니다. 결국 이 모든 것의 시작과 끝은 바로 상위 노출될 수 있는 '블루오션 키워드'를 찾을 수 있는지 없는지가 결정하게 됩니다.

"이제 좀 이해가 되시죠?"

제가 지금까지 주구장창 얘기한 내용의 핵심은 상위 노출될 수 있는 '블루오션 키워드'만 잘 찾아도 이미 절반은 성공한 셈이 됩니다.

복습 차원에서 키워드 찾는 연습을 같이 해 볼까요?

예를 들어 '남자 셔츠'를 메인 키워드로 네이버 쇼핑 검색 광고를 진행한다고 가정하면, 제일 먼저 네이버 광고의 키워드 도구에서 '남자 셔츠'로 검색을 합니다. 조회 결과를 확인해 보니 PC와 모바일을 합친 월간 총검색량은 5만건이 넘고, 네이버 쇼핑에서 '남자 셔츠'로 검색하면 상품수는 1,900만건이 넘습니다. 얼핏 봐도 검색수 대비 상품수 경쟁 강도는 엄청 치열하므로 이런 키워드는 당연히 걸러야겠지요. 그런데도 이 키워드로 상위 노출 광고를 하겠다면 말리지는 않겠지만, 검색수가 많은 대형 키워드는 클릭당 단가가 꽤 비싼 편입니다. 대략 '남자 셔츠' 키워드로 상위 노출을 하려면 클릭당 단가 비용이 1200~1500원정도라고 하면 100명이 클릭만 해도 12~15만원의 돈은 금방 훅하고 빠져나가게 됩니다.

게다가 클릭만 하고 실질적인 구매로 이어지지 않으면 비싼 광고비만 허공에 뿌리는 셈이 됩니다. 그리고 네이버 검색 광고는 입찰가 경쟁 구도이기 때문에 높은 클릭 단가로 1페이지에 상위 노출이 되도록 설정해 놓아도 다른 누군가가 더 높은 클릭 단가로 설정해 놓게 되면 여러분의 상품은 금방 뒤로 밀리게 됩니다. 그렇기 때문에 이런 대형 키워드로 검색 광고를 진행하는 것은 실익이 없기 때문에 무조건 피하는 것이 좋습니다. 대신에 검색량도 적고 상품수도 적은 '블루오션 키워드'를 찾아서 네이버 쇼핑 검색 광고를 진행하는 것이 적은 비용으로 최대 효과를 올릴 수 가장 좋은 방법입니다.

저 역시 과거 초보 셀러 시절에 뭣 모르고 비싼 클릭 단가로 1페이지에 상위 노출 광고를 걸었다가 30분 사이에 9만원의 광고비가 빠져나가서 식겁한 경험이 있습니다. 문제는 30분 동안 9만원 광고비는 나갔지만, 실제 구매로 이어진 전환율은 0%였기 때문에 30분 동안 허공에 9만원만 뿌린 꼴이 되었습니다.

여러분은 저처럼 이런 무의미한 돈 낭비 광고는 하지 마시길 바랍니다. 그렇다고 네이버 쇼핑 검색 광고를 하지 말라는 말은 아닙니다. 혹시 노파심에서 '광고비만 나가고 별로 효과도 없을 거 같은데' 이런 생각으로 네이버 쇼핑 검색 광고를 안 하려는 생각은 아예 접어두시길 바랍니다.

스마트스토어를 운영한다면 네이버 쇼핑 검색 광고는 필수입니다. 비싼 광고비가 걱정이라면 '블루오션 키워드'만 잘 찾으면 됩니다. 그러면 적은 비용으로 높은 광고 효과를 볼 수 있기 때문에 광고비는 그렇게 부담이 되지 않을 것입니다.

05

블루오션 키워드로 광고효율 높이기

이번에는 적은 광고비용으로 높은 광고효과를 볼 수 있는 방법에 대해서 알아보도록 하겠습니다.

누구든지 처음 스마트스토어를 오픈하게 되면, 온라인 쇼핑몰에 대한 경험도 없고 노하우도 없기 때문에 오픈하자마자 주문이 들어오거나 판매가 일어나지는 않습니다. 오프라인 가게와는 달리 오픈빨이 적용되지도 않습니다. 그렇기 때문에 처음에는 가족과 친구 등 주변 지인 찬스를 기꺼이 활용해서 몇 건의 구매 건수와 리뷰 건수를 만들어 판매 물꼬를 터놓아야 합니다. 왜냐하면 구매 건수와 리뷰 건수는 고객을 불러모으고 고객이 구매를 결정하도록 도와주는 장치이기 때문입니다. 하지만 그렇다고 해서 절대로 어뷰징이나 조작으로 구매 건수와 리뷰 건수를 만들면 안 됩니다. '어떻게 알겠어?' 이런 대수롭지 않은 생각은 아예 안 하는 것이 좋습니다. 재차 강조하지만, 절대로 어뷰징이나 조작으로 구매 건수나 리뷰 건수를 만들어서는 안 됩니다. 그냥 친한 지인에게 이런 멘트 한 번 날려주면 됩니다.

"이번에 쇼핑몰 오픈했는데 이 물건 나도 사용해보니 좋더라. 너한테도 필요한 물건일 거 같아서 정보 차원으로 알려주는 거다. 우리 쇼핑몰에 들어와서 구경 한번 해봐."

이 정도만 말해도 친한 지인들은 하나씩 다 구매해 줍니다. 초보 셀러는 이렇게 지인 찬스를 이용해서라도 처음에는 이렇게 판매 통로를 만들어 놓아야 합니다.

정리하면, 네이버 쇼핑 검색 광고를 진행할 때 저비용으로 높은 광고 효과를 보려면 다음 단계로 진행하면 됩니다.
첫째, 검색량도 적고 상품수도 적은 블루오션 키워드를 네이버 광고의 키워드 도구를 이용해서 2~3개 정도 찾습니다.
둘째, 이렇게 찾은 블루오션 키워드로 네이버 쇼핑 검색 광고를 진행하기 전에 지인 찬스를 이용해서 몇 건의 구매 건수와 리뷰 건수를 먼저 만들어 판매 물꼬를 틉니다.

셋째, 몇 건의 구매 건수와 리뷰 건수가 있는 상품에 네이버 쇼핑 검색 광고를 실행합니다. 이때 1페이지 내에 상위 노출 될 수 있도록 클릭당 단가를 조정합니다. 물론 클릭당 단가비용은 상품 키워드에 따라서 천차만별일 수 있지만, 검색량도 적고 상품수도 적어서 경쟁이 낮은 '블루오션 키워드'라면 대부분 클릭당 70~300원 비용으로도 충분히 상위 노출 효과를 볼 수 있습니다.

이런 과정으로 여러분이 판매하고 있는 모든 상품에 블루오션 키워드를 찾아서 클릭당 낮은 비용으로 네이버 쇼핑 검색 광고를 실행하게 되면 머지않아 성과들이 하나둘씩 나타나게 될 것입니다.

여기까지 쭉 잘 따라오신 분은 스마트스토어에서 잘 파는 영업비밀의 핵심은 바로 '블루오션 키워드를 찾는 거구나!'라는 생각이 들어야 합니다. 이게 바로 잘 팔고 싶은데, 잘 안 팔려서 고민인 초보 셀러들이 간과하는 것, 소홀히 하는 것, 그리고 틀리게 하는 것입니다. 이게 바로 지금 제가 하는 방법이며, 제게 컨설팅을 요청하신 분들을 만나서 알려주는 방법도 바로 '블루오션 키워드' 찾기입니다. 이처럼 '블루오션 키워드' 찾기는 구매 건수를 늘리고 매출을 늘리는 데 그만큼 중요하기 때문에 계속해서 반복하고 강조하면서 실전처럼 블루오션 키워드 찾는 연습을 자꾸만 하는 이유입니다.

06

블루오션 키워드로 판매 물꼬 트기

이처럼 '블루오션 키워드' 찾기는 여러분의 스마트스토어의 판매 물꼬를 트느냐 마느냐를 결정하는 가장 기본이자 전부입니다. 그렇기 때문에 검색량도 적고 상품수도 적어서 경쟁이 낮은 '블루오션 키워드' 찾는 연습을 이 책을 통해서 많이 하시길 바라는 마음으로 의도적으로 연습 예제를 많이 실었습니다.

자, 그러면 복습하는 차원에서 '남자 여름 셔츠'를 판다고 가정할 때, 상품 소싱 전에 '블루오션 키워드'를 저와 함께 찾아볼까요?
먼저 네이버 광고의 키워드 도구를 열어서 검색 칸에 '남자 여름 셔츠' 키워드로 조회해 봅니다. 월간 총검색량이 1.8만건이며 모바일로는 1만건이 조금 넘습니다. 이 정도의 검색량이면 대형 키워드이므로 이 키워드는 과감하게 패스합니다.

이번에는 메인 키워드 '남자 여름 셔츠'에서 '셔츠'라는 키워드와 색상을 나타내는 '하늘색'을 넣어서 '하늘색 셔츠'를 검색해 봅니다. 월간 총검색량이 1.7천건이며 모바일로는 1.2천건 정도로 소형 키워드입니다. 그렇다면 네이버 쇼핑에서 검색을 해봐야 합니다. 네이버 쇼핑에서 '하늘색 셔츠' 키워드로 등록된 전체 상품수는 7.9천건이 됩니다. 검색수 대비 상품수 경쟁 강도는 4.6% 정도로 의류치고는 그리 높지 않습니다.

이번에는 '반팔' 키워드를 추가해서 '하늘색 반팔 셔츠'로 검색해 봅니다. 월간 총검색량이 180건이며, 모바일로는 140건으로 초소형 키워드입니다. 검색량이 너무 적어서 버려야 하는 키워드이긴 하지만, 궁금해서 네이버 쇼핑에서 '하늘색 반팔 셔츠'로 검색을 해봅니다. 등록된 전체 상품수는 2천건이 조금 넘습니다. 검색량은 너무 적은데 비해 상품수는 많은 편으로 경쟁 강도는 12%가 넘습니다.

표로 정리하면 다음과 같습니다.

키워드 도구		남자 여름 셔츠	총 검색량	하늘색 셔츠	총 검색량	하늘색 반팔 셔츠	총 검색량
월간 검색량	모바일	18,600	23,170	1,330	1,730	30	180
	PC	4,570		400		150	
네이버쇼핑 전체 상품수		2,308,856		7,957		2,182	
경쟁강도		99.65%		4.60%		12.12%	

<표 1> 키워드 도구와 네이버 쇼핑 검색을 이용해서 키워드 찾기
*검색 결과는 날짜에 따라 상이할 수 있음

위의 표에서도 알 수 있듯이 경쟁 강도가 가장 낮은 '하늘색 셔츠'를 메인 키워드로 정하는 게 좋겠지요. 왜냐하면 검색량도 적당하고 경쟁도 다른 의류와 비교하면 상당히 낮은 편이기 때문입니다.

'하늘색 셔츠' 월간 총검색량이 1,730건이면 평균적으로 하루 검색량은 57건 정도가 됩니다. 초보 셀러 스토어에 하루 방문자가 0인 경우도 허다하고, 10명 이하인 경우도 허다하기 때문에 하루에 57건 검색량은 나쁘지 않은 키워드입니다.

여기서 세부적인 소형 키워드를 더 찾고자 하면, 앞에서 배운 방법대로 검색량이 적은 키워드로 연관 검색어를 계속해서 확장해 나가면 더 많은 '블루오션 키워드'를 찾을 수 있습니다. 그렇기 때문에 상품을 소싱하기 전에 '블루오션 키워드' 찾는데 가장 많은 시간과 노력을 집중해야 합니다.

한 예로 제게 컨설팅을 받아서 40일 만에 월매출 2천만원을 넘긴 사례자 한 분은 월매출 2천만원을 만들어 준 그 상품의 키워드를 찾는데 무려 7일의 시간을 쏟아부었다고 합니다.

이처럼 '블루오션 키워드' 찾기에 여러분의 시간과 노력을 투자하면 얼마든지 좋은 상품을 찾을 수 있습니다. 물론 시간과 노력을 들인 만큼 상품 소싱에도 애정을 쏟게 됩니다. 그런 애정은 고스란히 섬네일과 상세페이지에서 드러나고, 이는 상품에 신뢰성을 높여주기 때문에 궁극적으로 고객을 설득해서 구매로 이어지게 하는 데 중요한 역할을 하게 됩니다. 이 모든 각각의 과정은 구매 건수를 늘리고 매출을 늘리는 성공 공식과 직결되어 있기 때문에 어느 한 가지라도 소홀히 할 수 없습니다. 하지만 이 모든 과정의 중요한 첫 시작은 바로 '블루오션 키워드' 찾기임을 명심하시기 바랍니다.

다시 본론으로 돌아와서, 다음으로 해야 할 일은 '하늘색 셔츠'에 맞춰서 아이템을 소싱하면 됩니다. 혹시 아이템 소싱하는 것에 대해서 감이 안 오면 네이버 쇼핑에서 '하늘색 셔츠' 키워드로 검색해서 상위 노출되는 경쟁 상품들을 살펴보면 됩니다.

'어떤 종류의 하늘색 셔츠를 팔고 있는지? 가격대는 어느 정도인지?

너무 싸게 팔고 있다면, 어떻게 이 가격에 팔 수가 있는 건지? 왜 이 상품은 구매와 리뷰가 이렇게나 많은 건지?'

이런 질문을 스스로 하면서 '하늘색 셔츠'를 판매하고 있는 경쟁 상품들을 면밀하게 살펴보면 그들과는 다른 자신만의 차별화 포인트를 찾을 수 있게 됩니다.

자, 그러면 이번에는 저에게 컨설팅받는다고 생각하고 저와 함께 '하늘색 셔츠' 키워드로 아이템 소싱을 구체적으로 어떻게 해야 하는지 살펴보도록 하겠습니다.

먼저 PC든 모바일이든 네이버 쇼핑으로 들어가서 '하늘색 셔츠' 키워드로 검색해서 상위 노출되는 경쟁 상품들을 쭉 살펴보시기 바랍니다. 대부분 얼굴이 보이지 않는 남자 모델이 하늘색 셔츠를 입고 있는 사진이거나, 또는 옷걸이에 걸려있거나 옷만 보이는 '하늘색 셔츠' 섬네일이 대부분입니다. 그리고 극소수의 특이한 섬네일도 보입니다. 여기서 여러분이 주목해야 할 사항은 '극소수의 남들과 다른 섬네일'입니다. '하늘색 셔츠' 키워드로 검색을 했는데 '어라' 하늘색이 아닌 다른 색의 셔츠가 보입니다. 저라도 이게 뭐지 하면서 클릭해서 들어가 볼 거 같습니다. '하늘색 셔츠'가 아닌 다른 색상의 셔츠 섬네일을 클릭해보면 실제 구매 건수가 꽤 됩니다. '하늘색 셔츠'를 구매하러 들어왔다가 다른 상품이 더 마음에 들어서 '하늘색 셔츠'

대신에 그 상품을 구매했는지는 잘 모르겠지만, 어쨌든 고객의 클릭을 유도해서 고객 유입을 불러왔다면 그 섬네일은 자신의 역할을 충실히 다 한 셈입니다.

이번에는 '하늘색 셔츠' 키워드로 섬네일을 어떻게 만들지 생각해 볼까요? 아시다시피 섬네일의 역할은 고객 유입을 만들어 내는 것입니다. 그렇기 때문에 고객이 그 섬네일 사진을 클릭하도록 무조건 눈에 띄게 만들어야 합니다.

섬네일을 눈에 띄게 만들기 위해서 먼저 섬네일에 대한 콘셉을 잡아야 합니다. 콘셉은 이 상품을 구매하는 타깃 고객층이 누군지를 생각해 보면 됩니다. '하늘색 셔츠'라고 해서 남자만 구매할까요? 와이프가 남편을 위해서 구매할 수도 있고, 여자친구가 남자친구를 위해서 구매할 수도 있고, 아버지를 위해서 딸이 구매할 수도 있습니다. 이처럼 다양한 고객이 '하늘색 셔츠'를 구매할 수 있다고 생각하면 바로 이 지점에서 남들과 다른 차별화된 섬네일을 만들수 있게 됩니다.

만약 저라면, 여자 친구가 남자 친구에게 '하늘색 셔츠'를 선물하는 콘셉으로 섬네일을 만들 거 같습니다. 즉 여자 친구는 자신이 선물한 '하늘색 셔츠'를 입은 남자 친구에게 잘 어울린다는 표현의 제스처로 엄지손가락을 치켜세우고, 답례로 남자 친구는 고맙다는 제스처로 손으로 하트 모양을 만들어 보이는 그런 콘셉으로 연출할 것 같습니다. 정답은 아니고 하나의 예시이므로 여러분은 여러분만의 차별성 있는 섬네일을 이런 예시를 참고해서 만들면 됩니다.

다시 정리하면, '블루오션 키워드'를 찾아서 상품명을 만들었다면 그 상품명에 맞춰서 아이템을 소싱하면 됩니다. 그런데 구체적으로 어떤 아이템을 소싱해야 할지 잘 모르겠다면 아이템을 소싱하기 전에 네이버 쇼핑에서 경쟁 상품들을 살펴보면서 소싱할 아이템을 구체화합니다. 그런 다음 고객들 눈에 띄어 클릭을 부를 수 있는 남들과는 다른 차별성이 있는 섬네일과 상세페이지를 만들어 상품 등록을 하면 기본 세팅은 완성됩니다. 이런 식으로 노력과 시간을 들여서 상품 등록을 하게 되면 판매라는 성과가 서서히 하나둘씩 나타나게 될 것입니다. 물론 영원한 '블루오션 키워드'는 없기 때문에 블루오션 키워드를 찾았다고 해서 안심하면 안 됩니다. 경쟁자는 계속해서 나오기 때문에 경쟁자를 이길 수 있는 방법을 생각하면서 동시에 또 다른 블루오션 키워드를 찾아 나가는 노력을 계속해야 합니다.

핵심 포인트

'블루오션 키워드' 찾기는 여러분의 스마트스토어의 판매 물꼬를 트느냐 마느냐를 결정하는 가장 기본이자 전부입니다. 그렇기 때문에 블루오션 키워드를 누가 더 빨리 찾느냐가 성공의 발판이 됩니다. 하지만 '블루오션 키워드'를 찾았다고 해서 안심하면 안 됩니다. 경쟁자는 계속해서 나오기 때문에 경쟁자를 이길 수 있는 방법을 생각하면서 동시에 또 다른 블루오션 키워드를 찾아 나가는 노력을 계속해야 합니다.

07

블루오션 키워드 찾기 실전

이 장에서는 앞에서 배운 '블루오션 키워드'를 찾는 실전 연습을 함께 하도록 하겠습니다. 읽을 때는 막상 이해되고 잘할 거 같지만, 다 읽고 나면 기억이 가물가물하고 '어떻게 했더라?' 이러는 게 다반사이기 때문에 아래에 제시된 예제를 단계별로 직접 해보면서 총 복습하는 시간을 가지길 바랍니다.

실전 연습

'청바지'를 판다고 가정하고 아이템 찾기 전에 경쟁 강도가 낮은 '블루오션 키워드'부터 찾아보세요. 네이버 광고의 키워드 도구와 네이버 쇼핑을 활용해서 아래 빈칸에 단계별 힌트에 따라 주어진 질문에 답을 적어주세요. (*검색량과 상품수는 날짜에 따라 변동이 있음)

1 단계

네이버 광고의 키워드 도구에서 '청바지'로 조회해서 아래 질문에 답해 주세요.

· 월간 PC 검색량:

· 월간 모바일 검색량:

· 월간 총검색량:

· 키워드 분류(대/중/소형):

· 전체 상품수(네이버 쇼핑에서 검색하기):

포인트

청바지는 월간 총검색량이 66,270건으로 대형 키워드이며 상품수는 약 800만건으로 초보 셀러가 감당할 수 없는 키워드입니다. 그래서 경쟁이 낮은 키워드를 찾으러 다시 키워드 도구로 들어갑니다.

키워드 도구에서 '청바지' 키워드를 치고 조회하기를 눌러서 연관 키워드를 쭉 살펴본 다음에 청바지 앞에 붙일 검색량이 적은 키워드를 선택하거나 아니면 직접 키워드를 생각합니다.

예를 들어 '청바지' 키워드를 조회하면 연관 검색어들이 쭉 보이게 됩니다. 그 연관 검색어 중에서 검색량이 적은 키워드, 예를 들어 '남자 찢청' 키워드를 선택해서 키워드 도구 검색 칸에서 '남자 찢청' 키워드와 관련된 연관 검색어를 확인합니다. 거기서 다시 검색량이 적은 소형 키워드를 찾아서 확장된 세부 키워드를 찾으면 됩니다. 이런 식으로 키워드를 검색해서 확장해 나가면 더 다양한 세부 키워드를 찾을 수 있게 됩니다.

(예시) '청바지' 키워드에서 세부 키워드로 찾은 '찢어진 청바지', 그리고 '찢어진 청바지'에서 세부 키워드로 찾은 '남자 찢청'

2 단계

네이버 광고의 키워드 도구에서 '남자 찢청'으로 조회해서 아래 질문에 답해 주세요.

· 월간 PC 검색량:

· 월간 모바일 검색량:

· 월간 총검색량:

· 키워드 분류(대/중/소형):

· 전체 상품수(네이버 쇼핑에서 검색하기):

> **포인트**

'남자 찢청'은 월간 총검색량이 2,640건이으로 소형 키워드이며 상품 수는 약 52,558건으로 검색량 대비 상품수 경쟁 강도는 19.91%입니다. 하지만 의류치고는 경쟁이 치열하지 않은 편에 속하기 때문에 '남자 찢청' 키워드를 메인 키워드로 잡고 이 키워드에 맞춰서 아이템을 소싱해도 됩니다.

3 단계

먼저 네이버 쇼핑에서 '남자 찢청'으로 검색해서 상위 노출되는 상품들을 쭉 살펴본 후에 아래 질문에 여러분의 생각을 적어주세요.

1. 상위 노출된 경쟁 상품들의 섬네일에 대한 느낌은?

2. 남들과 다른 차별성을 부각할 방법은?
① 섬네일 콘셉
② 가격
③ 고객 혜택

포인트

네이버 쇼핑에서 '남자 찢청'으로 검색을 하면 1페이지에 상위 노출되고 있는 섬네일 대부분은 찢어진 청바지를 입고 있는 남자 모델 사진입니다. 그중에 구매 건수와 리뷰 건수가 많은 상품을 제외하고 눈에 먼저 띄는 섬네일은 '핫딜'이나 '할인' 표시가 붙어 있는 섬네일입니다. 그렇다면 여러분의 섬네일도 무엇보다 눈에 띄게 만들어야겠지요.

예를 들어 '남자 찢청'이라고 해서 남자 모델만 하라는 법은 없기 때문에 이 점에 착안해서 남들과는 다른 차별화된 섬네일의 콘셉부터 생각하면 좋을 듯합니다. 즉 섬네일에 대한 콘셉이 잡히면 타깃 고객층이나 고객 니즈가 반영된 구체적인 아이템을 소싱할 수 있게 됩니다.

4 단계

'남자 찢청'과 조합할 '블루오션 키워드' 2~3개를 더 찾아서 최종적으로 상품명을 만들어 보세요.

최종 상품명:

① 남자 찢청 키워드랑 조합할 키워드를 직접 찾아보세요.
· 월간 PC 검색량:
· 월간 모바일 검색량:
· 월간 총검색량:
· 키워드 분류(대/중/소형):
· 전체 상품수:

② 남자 찢청 키워드랑 조합할 키워드를 직접 찾아보세요.
· 월간 PC 검색량:
· 월간 모바일 검색량:
· 월간 총검색량:
· 키워드 분류(대/중/소형):
· 전체 상품수:

포인트

'남자 찢청'에 앞, 뒤, 중간에 넣을 세부 키워드를 네이버 광고의 키워드 도구를 이용해서 찾습니다. 만약 자신이 직접 생각한 키워드라면 사람들이 실제로 그 키워드로 검색을 하는지 키워드 도구에서 반드시 검색량을 확인해야 합니다.

예를 들어 키워드 도구에서 검색해서 찾지 않고 '남자 찢청' 키워드와 조합할 세부 키워드를 직접 생각해 볼까요? 어떤 키워드가 좋을까요? 생각 하다 보니 '통큰 청바지' 키워드가 떠오르네요.

키워드 도구에서 사람들이 실제로 이 키워드로 검색을 하는지 확인해봐야겠지요. 키워드 도구에서 검색 칸에 '통큰 청바지'를 치고 조회해 보니 월간 총검색량은 800건이며 모바일로는 640건이므로 소형 키워드입니다.

다음으로 네이버 쇼핑에서 '통큰 청바지'로 검색해서 등록된 전체 상품수를 확인해야겠지요. '통큰 청바지'로 등록된 총 상품수는 약 2,953건으로 검색량 대비 상품 수 경쟁 강도는 3.69%밖에 안 됩니다. 의류치고는 상당히 낮은 수치이므로 '통큰 청바지'는 당연히 상품명에 사용해야 하는 키워드입니다.

그러면 '남자 찢청' 키워드와 '통큰 청바지' 키워드를 잘 조합해서 상품명을 만들면 '통큰 청바지 남자 찢청' 이렇게 되겠네요. 하지만 상품명으로 상위 노출 될 수 있는 단어 수가 너무 적기 때문에 위와 같은 방법으로 블루오션 키워드에 해당하는 세부 키워드를 2~3개 더 찾아서 최종 상품명을 만들어 보시기 바랍니다.

(예시) '통큰 청바지 남자 찢청'

PART 4

매출 상승을 높이는 디테일 완성하기

01

쇼핑몰 피드의 중요성

쇼핑몰을 처음 시작하는 대부분 초보 셀러는 상품 사진을 무조건 예쁘게만 찍어야 하는 줄 알고 있습니다. 특히 잘 파는 의류 쇼핑몰이나 SNS 인플루언서가 운영하는 쇼핑몰을 보면 야외, 실내 할 거 없이 예쁜 배경으로 찍은 상품 사진이 많습니다. 그래서인지 쇼핑몰을 시작하면 무조건 사진은 이뻐야 한다고 생각하는데, 핵심은 상품 사진은 이쁘게 찍는 것에 초점을 맞추기보다는 상품이 부각되게, 즉 상품의 특징, 기능, 장점 등을 잘 보여주는 상품 중심 사진으로 찍는 게 중요합니다. 그리고 상품 배경은 되도록 일정하게 맞춰서 찍어야 상품이 잘 부각되면서 쇼핑몰 또한 깔끔하다는 인상을 고객에게 줄 수 있습니다.

예를 들어 여러분의 스마트스토어로 고객이 유입되었을 때 상품의 배경이 일정하면 고객의 눈에 상품이 한눈에 잘 보이게 됩니다. 반면에 상품 배경이 일정하지 않고 중구난방식이면 쇼핑몰이 깔끔하지 않고 지저분해 보이게 됩니다. 그리고 상품도 바로 한눈에 쏙 들어오지 않기 때문에 고객이 바로 나가버리는 즉, 고객 이탈률이 높아지게 됩니다. 그래서 상품 사진을 찍을 때 흰색 배경이면 흰색 배경에서만, 야외에서 찍으면 야외의 특정한 배경에서만 찍는 걸 추천해 드립니다. 이런 식으로 같은 배경에 같은 포즈로 상품이 나열되어 있으면 고객의 입장에서 좀 더 편안하게 상품을 구경할 수 있게 됩니다.

다시 정리하자면, 어떤 피드가 좋은지에 대한 정답은 없지만, 상품 섬네일은 무조건 '예쁘다'에 초점을 맞추기보다는 고객에게 이 상품을 어떻게 제대로 잘 보여 줄 수 있을지에 초점을 맞추는 게 좋습니다. 그래서 아래에서 보여주는 피드 사진 예시처럼 배경이 일정한 상품 사진이 훨씬 깔끔해 보이고 동시에 상품도 잘 부각되어 보입니다. 이는 결국 고객이 상품이 집중할 수 있도록 해주기 때문에 상품 구매로 이어질 가능성이 커지게 됩니다.

제가 알려주는 내용을 머리로만 이해하지 마시고 실제로 직접 사진을 찍으면서 이렇게 저렇게 자주 시도해 보시기 바랍니다. 처음부터 잘하는 사람은 없습니다. 어떻게 하는지 방법을 알았다면 이제는 직접 피드에 맞춰서 사진을 찍으려고 노력하면 됩니다. 그렇게 하다 보면 어느 날부터 피드에 맞춰 사진도 기깔나게 잘 찍게 되면서 남들과는 다른 차별성이 있는 콘셉을 갖춘 쇼핑몰로 진화 발전하게 됩니다.

<그림1> 피드 배경 불일치 예시

<그림 2> 피드 배경 일치 예시

02

쇼핑몰 콘셉 잡기

쇼핑몰에서 콘셉이 중요한 이유는 고객의 재구매를 확보할 수 있는 가능성이 커지기 때문입니다. 예를 들어 같은 의류 쇼핑몰이라도 이것저것 모든 종류의 옷을 가져다 팔기보다는 스트리트룩이면 스트리트룩 옷만, 데일리룩이면 데일리룩 옷만, 힙합 스타일이면 힙합 스타일 옷만, 이렇게 스토어에 특정 색깔이 있으면 그 분야를 좋아하는 특정 마니아층의 고객을 확보할 수 있게 됩니다. 특정 마니아층 고객은 재구매 가능성이 높은 고객이므로 신상품을 업데이트할 때마다 할인 소식과 함께 톡톡 알림 메시지를 보내는 등의 고객관리에 조그만 신경 쓰면 쉽게 재구매를 끌어낼 수 있습니다.

그래서 이처럼 콘셉이 뚜렷한 쇼핑몰을 운영하면 그 자체만으로도 남들과 다른 차별성을 만들게 됩니다.

자, 그렇다면 쇼핑몰의 콘셉은 어떻게 잡아야 할까요? 판매하고 싶은 상품에 대한 자신만의 콘셉이 명확히 잡혀있는 경우가 아니라면 쇼핑몰의 콘셉을 잡기 위해서는 시장조사부터 해야 합니다. 시장조사라고 해서 좀 거창하게 들릴 수 있지만, 스마트스토어에서 시장조사는 판매자로서 자신이 좋아하고 관심 있어서 팔고 싶은 상품이 아닌, 소비자인 고객이 좋아하고 원하는 상품을 찾아서 판매하는 것이 온라인 쇼핑몰에 대한 시장조사입니다.

물론 자신이 좋아하고 관심 있는 물건을 팔아도 됩니다. 하지만 이런 경우는 여러분의 상품을 기꺼이 구입해 줄 확실한 고객층이 형성되어 있어야 합니다. 즉 어느 정도의 판로가 확보되어 있다면 진행해도 됩니다. 하지만 대부분 초보 셀러에게는 해당되지 않습니다.

다시 본론으로 돌아와서, 가장 쉽게 시장조사 하는 방법은 네이버 데이터랩의 쇼핑 인사이트에서 분야별 카테고리를 클릭해서 인기 검색어를 살펴보는 것입니다. 그러면 요즘에 어떤 상품들이 사람들의 관심과 사랑을 받고 있는지 큰 흐름은 알 수 있게 됩니다. 이런 큰 흐름 속에서 자신이 관심 있거나 팔고 싶은 특정 분야의 상품 카테고리가 있으면 그 부분만 집중해서 살펴본 후에 관심 있는 상품 키워드로 네이버 쇼핑에서 검색을 해서 어떤 상품이 팔리는지 살펴봐야 합니다.

'어떤 상품들이 팔리고 있는지? 그중에서 어떤 상품들이 잘 팔리는지? 잘 팔리는 이유는 무엇인지? 가격대는 어느 정도인지? 섬네일 사진은 어떤지? 상세페이지는 어떤지? 고객 혜택은 뭐가 있는지? 왜 구매 건수와 리뷰 건수가 많은지?'

이런 질문을 스스로 하면서 답을 찾아가는 시간을 가지게 되면 지금 당장은 아니더라도 점차 자신의 쇼핑몰에 대해 콘셉을 잡을 수 있게 됩니다. 만약 어떤 상품으로 쇼핑몰 콘셉을 잡아야 할지 잘 모르겠다면 처음에는 다양한 여러 상품을 올려서 판매하는 것도 괜찮습니다. 예를 들어 패션 분야에서 의류를 판매하고 싶다면 데일리룩, 오피스룩, 커플룩, 데이트룩 등 여러 가지 다양한 상품을 일단 올려봅니다. 그리고 이 중에서 판매가 꾸준하게 이루어지는 상품이 있으면 그 상품을 중심으로 여러분의 쇼핑몰 콘셉의 방향을 잡아도 됩니다.

이런 경우도 가능합니다.

예를 들어 패션 분야에서 여성 의류를 판매하고 싶다면 다양한 여자 옷으로 상품을 등록합니다. 그리고 동시에 옷과 코디해서 잘 어울릴 만한 팔찌, 모자, 가방과 같은 확장 상품도 같이 올려서 팔아 보는 겁니다. 원래는 여자 옷만 판매할 생각이었지만, 예상과 다르게 옷이 아닌, 팔찌나 모자 같은 상품이 잘 팔린다면 당연히 잘 팔리는 팔찌나 모자 중심으로 상품 업데이트를 계속하면서 쇼핑몰 콘셉의 방향을 그쪽으로 잡아도 됩니다.

이처럼 쇼핑몰 콘셉을 잡는 방법에 대해 100% 정답은 없습니다. 물론 콘셉을 잡아야 한다고 해서 한 가지 종류나 그와 유사한 상품만을 팔아야 한다고 말하는 것도 아닙니다. 또한 반드시 쇼핑몰 콘셉을 잡아야 한다는 것도 아닙니다. 다만, 여러분의 스마트스토어를 지속적으로 성장 발전시키고자 하는 목표가 있다면 장기적인 관점에서 쇼핑몰의 콘셉이 잡혀있는 스토어가 성공할 확률이 훨씬 높다는 것을 말씀드리는 것입니다.

03

클릭을 부르는 섬네일 만들기

스마트스토어와 같은 온라인 쇼핑몰에서 상품 이미지는 굉장히 중요합니다. 왜냐하면 직접 보고 만지고 할 수 없기 때문에 오로지 쇼핑몰에서 보이는 상품 이미지로만 고객을 설득해서 구매로 이어지게 만들어야 하기 때문입니다. 그렇기 때문에 상품 섬네일이나 상품 상세페이지가 그만큼 중요한 이유입니다.

상품 섬네일은 기본적으로 상품 자체가 잘 부각되는 사진으로 크고, 밝고, 선명한 이미지이어야 합니다.

(1) 조명은 꼭 사용하기

상품마다 다를 수 있지만, 대체로 상품 사진은 실제보다 더 좋게 보이도록 화사하고 밝게 보이는 사진이 좋습니다. 어둡고 칙칙한 느낌이나 조잡한 느낌이 나는 상품 이미지는 무엇보다 상품 품질에 대한 신뢰 측면에서 고객에게 믿음을 주지 못하기 때문에 고객으로부터 바로 외면받을 수 있습니다. 그래서 실내에서 상품 사진을 찍는 경우라면 무조건 조명을 구비해서 상품 사진을 찍는 것이 좋습니다.

(2) 상품이 부각되는 큰 이미지

온라인 쇼핑몰 특성상 물건을 구매할 때 고객은 그 상품을 직접 보고 만지고 확인할 수 없기 때문에 배경이나 소품이 아닌, 상품 자체를 크게 보여주면서 다양한 각도에서 찍은 큰 사이즈의 상품 이미지가 좋습니다. 재차 강조하지만, 스마트스토어에 올리는 상품 사진은 예쁜 사진 콘테스트에 출품하는 사진이 아닙니다. 그러므로 배경이나 주변이 예쁘게 나오는 것에 신경 쓰지 말고 상품 그 자체를 가장 잘 보여줄 수 있는 상품 중심의 사진을 섬네일로 사용하는 것이 좋습니다.

(3) 디테일이 반영된 전후 비교 사진

앞에서도 언급했듯이 온라인 쇼핑몰 특성상 상품을 직접 보고 만질 수 없다는 점을 고려해서 고객이 상품에 대해서 궁금해할 사항을 상품 이미지에 반영해서 보여 주는 것이 좋습니다.

예를 들어 구김 없는 셔츠라고 했을 때, 고객은 사실 여부를 확인하고 싶지만, 온라인 쇼핑몰 특성상 직접 확인하기가 불가능합니다. 이럴 때 소매를 둘둘 말아 올린 사진과 다시 소매를 펴보니 구김이 안 생긴 전후 비교 사진을 섬네일 사진으로 보여주면 이 자체가 남들과 다른 차별화를 만듭니다. 그래서 고객의 눈에 띄어 다른 경쟁 상품보다 먼저 고객의 클릭을 받을 수 있게 됩니다. 게다가 이런 유형의 섬네일 사진은 상품에 대한 신뢰도를 높여주기 때문에 구매로 이어질 가능성이 커지게 됩니다.

(4) 눈에 띄는 이미지

섬네일의 역할은 고객의 눈에 띄어 고객이 그 상품 섬네일을 클릭하게 만드는 것입니다. 고객의 눈에 띄기 위해서는 무조건 상품이 노출되어야 합니다. 상품이 노출되어야 고객이 클릭할 가능성이 생기고, 이는 결국 구매로 이어질 가능성을 만들어 줍니다. 즉 상품 구매가 일어나기 위한 첫 단계가 바로 상품 노출이며, 고객에게 노출되는 상품의 첫 이미지가 바로 섬네일입니다. 그렇기 때문에 상품 섬네일을 만들 때 '어떻게 하면 고객의 눈에 띨까?'라는 생각을 늘 염두에 두고 남들과 차별되게 만들어야 합니다.

예를 들어 '남자 방수 운동화'를 판매한다고 하면, 먼저 네이버 쇼핑에서 '남자 방수 운동화' 키워드로 검색을 해서 1페이지에 상위 노출되는 경쟁 상품들의 섬네일을 살펴봐야겠지요. 특별한 배경 없이 신발만 보여주는 상품 위주의 섬네일이 대부분입니다. 그렇다면 이 부분에서 어떻게 남들과 차별화를 줄 수 있는지를 고민하면서 섬네일 콘셉을 생각해야 합니다. 남들과 달라야 대부분 비슷한 섬네일 가운데서 눈에 띄게 되어 고객의 클릭을 먼저 받을 가능성이 커지기 때문입니다.

이런 경우 저 같으면, '남자 방수 운동화' 섬네일 사진 콘셉은 방수 운동화이니깐 물이 안 들어간다는 것을 보여주는 사진으로 '물 있는 배경에 방수 운동화를 함께 보여주는 콘셉'으로 섬네일을 만들 거 같습니다. 별거 아닌 거 같지만, 대부분 경쟁 상품의 섬네일과는 확연히 다르기 때문에 이 자체만으로 차별화를 충분히 만들어 냅니다. 차별화가 생겼다는 건 그만큼 고객의 눈에 띄어 클릭을 불러올 가능성이 커진다는 의미입니다.

이건 하나의 예시이므로 남들과 차별화할 수 있는 포인트 지점을 찾아서 다양한 시도를 해보시기 바랍니다. 제가 알려준 사항을 참고해서 직접 이렇게 저렇게 섬네일을 만들다 보면 고객의 클릭을 부르는 섬네일에 대한 자신만의 데이터가 만들어지게 될 것입니다.

<그림1> 남자 방수 운동화 섬네일 예시

04

구매 전환을 부르는 상세페이지 만들기

상세페이지는 여러분의 스토어로 유입된 고객을 잘 설득해서 구매하도록 만드는 역할을 합니다. 즉 구매와 직결되어 있기 때문에 무엇보다 상세페이지를 잘 만드는 것이 중요합니다.

상세페이지의 핵심은 '왜 이 상품을 구매해야 하는지'에 대해서 고객을 설득하는 것이 일차적인 목표입니다. 그래서 문제 인식<해결<장점<혜택 이런 흐름으로 상세페이지를 구성하는 것이 고객을 설득하기에 가장 좋은 흐름입니다. 대부분 초보 셀러가 하는 것처럼 '무조건 우리 상품이 제일 좋아요. 이런 장점이 있어요.' 이런 식의 상세페이지는 남들과 차별성도 없거니와 상품의 필요성조차 제대로 전달시키지 못합니다. 그렇기 때문에 상세페이지 역시 섬네일과 마찬가지

로 남들과 다른 차별성을 보여주어야 합니다. 이때 동영상이나 움짤 (GIF 움직이는 이미지)을 이용해서 상품의 특징이나 장점을 보여주면 고객에게 더 설득적으로 전달됩니다.

(1) 최적화 이미지 크기는 가로 860 px

스마트스토어에서는 검색 알고리즘에 부합하는 최적화 가이드를 제공합니다. 그중에 상세페이지에 올리는 이미지 크기에 대한 가이드는 다음과 같습니다.

이미지의 세로 크기는 상관이 없지만, 가로 사이즈는 860 px에 맞춰서 올리는 것이 좋습니다. 그렇기 때문에 핸드폰이나 카메라로 상품 사진을 찍었을 때 반드시 이미지 사이즈를 가로 860 px로 줄여서 올려야 합니다. 왜냐하면 큰 사이즈의 이미지는 로딩하는 데 시간이 오래 걸리기 때문에 상품 이미지가 금방 보이지 않게 됩니다. 이는 고객 이탈을 초래하게 됩니다. 즉 상품에 관심이 있어서 고객이 상세페이지를 살펴보려고 들어왔는데 상품 이미지가 금방 로딩되지 않으면 고객은 기다리기보다는 바로 이탈하게 됩니다.

그렇기 때문에 이런 불필요한 상황을 미연에 방지하기 위해서도 스마트스토어에서 제시하는 이미지 크기에 대한 최적화 가이드 사항들을 지켜서 상품을 등록하는 것이 좋습니다.

(2) 상품이 부각되는 디테일 이미지

기본적으로 상세페이지에 올리는 이미지는 상품이 부각되는 사진이 좋습니다. 즉 시선을 분산시키는 배경이나 소품 없이 상품만 깔끔하게 보이는 상품 사진을 올려야 고객이 상품에만 집중해서 편하게 상세페이지를 구경할 수 있습니다.

섬네일에서도 설명했지만, 온라인 쇼핑몰 특성상 상품을 직접 보고 만지고 할 수가 없기 때문에 다양한 각도에서 찍은 상품의 디테일을 보여주는 사진이 상세페이지에 많이 있어야 합니다. 왜냐하면 고객 유입이 아무리 많아도 고객 유입에 비해 구매 전환율이 거의 없거나 낮다면 이는 상세페이지에 문제가 있다는 의미입니다. 그 말은 고객이 상세페이지에서 바로 나간다는 의미이기도 합니다. 그렇기 때문에 고객이 상세페이지에 오래 머물 수 있도록 상세페이지에서는 가능한 한 많은 상품의 디테일 이미지와 상품의 특징이나 장점을 잘 나타내주는 동영상이나 움짤을 보여주는 것이 좋습니다. 왜냐하면 이런 장치들은 상품에 대한 신뢰도를 높여주는 역할을 하기 때문입니다.

(3) 문제 인식<해결<장점<혜택의 흐름으로 구성

대부분 초보 셀러가 만든 상세페이지를 살펴보면 상품의 장점을 보여주는 상품 이미지 몇 개가 전부인 경우가 대부분입니다. 앞에서도 언급했듯이 상세페이지는 고객을 설득해서 구매하기 버튼을 누르게 만드는 역할을 한다고 했습니다. 그렇기 때문에 상품의 장점만을 단순하게 나열하고 있는 상세페이지는 고객을 설득하는 데 큰 힘을 발휘하지 못합니다. 당연히 실질적인 구매로 이어지지 않게 됩니다. 그래서 상품의 필요성을 고객에게 잘 전달해서 실질적인 구매로 이어지게 하기 위해서는 무엇보다 문제 인식<해결<장점<혜택 이런 흐름으로 상세페이지를 구성하는 것이 좋습니다.

이해를 돕기 위해서 예를 들어 보도록 하겠습니다.
예를 들어 30대 워킹맘 타깃으로 '모닝 도시락 샐러드'를 판매한다고 하면 첫 멘트는 "아침에 출근 준비하면서 애 유치원 챙겨 보내느라 바빠서 굶고 출근하는 경우가 많으시죠?" 이렇게 문제를 던져주는 멘트로 시작을 합니다. 이처럼 상세페이지의 첫 부분에 고객이 느끼고 있는 문제를 언급하는 멘트로 시작하면 고객의 공감대를 쉽게 불러올 수 있게 됩니다. 만약 이런 경험이 있는 워킹맘들이라면 상세페이지 처음에 나오는 이런 '문제 인식'의 멘트에 공감하면서 계속 상세페이지를 보게 됩니다. 즉 앞에서도 언급했듯이 고객을 상세페이지에 오래 머물게 해야 구매 전환으로 이어질 가능성이 커진다고 했습니다. 일단 고객이 이런 첫 멘트에 공감하게 되면 이 상품에 대한 필요성을 느끼게 됩니다.

문제 인식 다음에 나오는 해결 부분에서는 이런저런 이유로 아침을 못 챙겨 먹고 굶고 출근하는 워킹맘들의 문제를 해결하기 위해서 이런 상품을 준비하게 되었다는 내용이 나오면 상품에 더 집중하게 됩니다. 이어서 '모닝 도시락 샐러드' 장점을 언급한 뒤에 이번 달에 5회권을 구매하면 '냉장고 안에 있는 재료만으로도 뚝딱 만들 수 있는 맛있는 모닝 샐러드 레시피와 소스 제공'이라는 고객 혜택까지 상세페이지에 있으면 구매까지 이어질 가능성은 더 커지게 됩니다.

여기에 상품의 특징이나 장점을 부각하는 직관적인 동영상이나 움짤을 삽입하면 고객을 설득하는데 효과는 배가 됩니다.

(4) 동영상이나 움짤 최대한 활용하기

상세페이지에서 보여주는 동영상이나 움짤은 어떻게 만들어야 하는지 궁금해하는 분들을 위해서 잠깐 설명을 하도록 하겠습니다.

상세페이지에서 보여주는 동영상이나 움짤은 상품에서 가장 크게 부각하고 싶은 상품의 특징이나 장점을 콕 집어서 보여주는 용도로 활용하는 것이 가장 효과가 좋습니다.

예를 들어 방수 등산화를 판매한다고 하면 신발 위에 물뿌리개로 마치 비가 오는 것처럼 물을 뿌린 후 방수가 되는 움짤이나 동영상을 보여주면 구구절절한 텍스트로 설명하는 것보다 고객에게 훨씬 효과 있게 전달됩니다. 또는 방수 등산화와 방수가 안되는 등산화를 함께 보여주면서 두 등산화를 비교하는 움짤이 상세페이지에 있게 되면 상품의 필요성이 더 커질 수 있습니다. 즉 방수가 안되는 등산화는 신발을 벗어보니 양말 앞부분이 젖어있지만, 방수가 되는 등산화는 신발을 벗어도 양말이 뽀송뽀송한 그런 전후 비교를 보여주는 움짤이면 고객을 설득해서 구매로 이어지게 만들기에 충분합니다.

이런 유형의 전후 비교를 보여주는 동영상이나 움짤의 가장 좋은 예시는 홈쇼핑에서 쉽게 찾아볼 수 있습니다.

예를 들어 홈쇼핑에서 여자 여름 속옷을 판매한다고 하면 이 속옷에 사용된 원단이 얼마나 시원한지를 잘 보여주는 영상은 어김없이 등장합니다. 즉 드라이아이스를 사용해서 원단이 얼마나 통풍이 잘되는지를 보여주는 영상은 쇼호스트의 어떤 화려한 말빨보다도 고객에게 더 설득적으로 전달됩니다.

여러분 역시 스마트스토어 판매자 이전에 상품을 구매하는 소비자인 고객입니다. 홈쇼핑에서도 물건을 구매하고, 네이버 쇼핑에서도 물건을 구매하고, 오픈 마켓에서도 물건을 구매합니다. 그러므로 여러분이 상품을 구매할 때 어떤 결정적인 이유로 그 상품을 구매했는지를 생각하면 여러분이 판매하고자 하는 상품의 상세페이지를 어떻게 만들어야 하는지 좀 더 쉽게 이해가 될 것입니다.

(4) 상품의 디테일 이미지 컷으로 고객 설득하기

상세페이지는 고객을 설득해서 구매로 이어지게 만드는 역할을 하기 때문에 상품의 장점이나 특징을 잘 나타내는 직관적인 동영상이나 움짤을 이용하면 고객을 설득하기가 더 용이하다고 했습니다. 하지만 동영상이나 움짤도 좋지만, 상품의 장점과 특징을 나타내는 여러 장의 디테일 이미지 컷이나 비교 사진을 통해서도 충분히 고객을 설득해서 구매로 이어지게 할 수 있습니다.

예를 들어 운동 좀 한다는 30대 남자를 타깃으로 '여름 반팔 티'를 판매하고자 한다면, 기본적으로 원단, 사이즈, 색깔, 세탁 시 주의 사항 등에 대한 이미지가 있어야겠지요. 다음은 이런 기본적인 사항 외에 남들과 차별화할 수 있는 핵심 포인트를 찾아서 그 포인트를 부각하는 디테일 이미지와 비교 사진을 보여주는 것입니다.

아시다시피 운동한 남자들은 자신의 몸을 남들에게 은근히 드러내어 자랑하고 싶어 합니다. 그렇다고 민소매나 쫄티를 입고 출근하거나 만남이나 모임에 참석할 수는 없는 노릇입니다. 그래서 이 지점에서 남들과 다른 차별화할 수 있는 포인트를 잡아서 부각하면 됩니다. 즉 운동한 남자들이 남에게 보여주고 싶은 팔뚝이나 넓은 어깨나 역삼각형 몸매가 드러난 여러 장의 사진을 다양한 각도에서 찍은 디테일 사진을 보여주는 겁니다. 그리고 평범한 여름 반팔 티를 입었을 때 우람한 팔뚝이나 넓은 어깨나 역삼각형 몸매가 전혀 드러나지 않는 사진과 비교해서 보여주면 운동 좀 한다는 30대 남자 타깃층 고객에게 이런 비교 사진이 먹히게 됩니다. 즉 타깃 고객층이 설득되었다는 건 결국 구매로 이어질 가능성이 크다는 의미입니다.

(5) 좋은 구매 후기는 또 다른 상세페이지

만약 여러분이 네이버 쇼핑에서 필요한 물건을 사기 위해 키워드 검색을 통해서 쇼핑한다고 하면 아마도 좋은 구매 리뷰가 많은 상품을 구입할 거라고 생각합니다. 왜냐하면 상품을 실제 구매한 고객의 리뷰가 많다는 것은 그 상품은 믿고 구입해도 좋다는 일종의 보증수표와 같은 역할을 하기 때문입니다.

저 역시 마찬가지입니다. 아무리 제품이 좋고 가성비가 뛰어나도 좋지 않은 고객리뷰가 많이 달린 상품이면 저는 그 상품을 사지 않습니다. 반면에 가격이 조금 비싸더라도 좋은 구매 후기가 많으면 그 상품을 신뢰하고 구입하는 경향이 있습니다. 이처럼 고객의 리뷰는 또 다른 구매를 불러오는 중요한 역할을 하기 때문에 고객으로부터 좋은 리뷰를 받아야 하는 이유가 바로 여기 있는 겁니다.

그러면 좋은 구매 후기를 쌓으려면 무엇보다 좋은 품질의 상품을 판매해야 합니다. 그래서 위탁판매든, 사입이든 자신이 판매하고자 하는 제품은 반드시 판매하기 전에 샘플을 사서 제품의 품질을 꼼꼼히 살피는 등의 검수 과정을 거쳐야 합니다.

무조건 팔아서 마진을 남겨 돈을 벌겠다고 나쁜 품질의 상품을 판매하게 되면 고객으로부터 나쁜 리뷰를 받는 것은 당연합니다. 하지만 문제는 나쁜 리뷰는 리뷰로서의 단순한 역할이 아닌, 판매에 치명타를 입히는 역할을 하게 됩니다. 그렇기 때문에 좋은 고객리뷰를 받기 위해서는 좋은 상품을 소싱하는 것에서부터 꼼꼼한 포장과 정성스러운 메모까지 매 순간 정성을 다해야 합니다.

"뭐, 그렇게까지 할 필요가 있나?"라고 묻는 분이 계시다면 "네, 그렇게까지 해야 합니다."라고 저는 답할 겁니다. 이런 마음으로 상품을 선별하고 검수해서 판매하는데 고객 클레임이 있을 수가 없으며 고객리뷰가 나쁠 수가 없습니다.

정리하자면, 좋은 구매 후기는 또 다른 구매를 불러오고 매출 증대로 이어지기 때문에 고객으로부터 좋은 구매 후기를 받을 수 있도록 상품 소싱부터 판매까지 전 과정에 정성과 노력을 다 쏟아야 합니다. 물론 구매 후기를 작성하면 '포인트 지급' 같은 혜택을 제공함으로써 고객리뷰를 받을 수도 있겠지만, 제 경험으로 비추어 볼 때, 사소한 것에 감동한 고객은 자발적으로 좋은 리뷰를 남겨줍니다. 여기서 말하는 감동은 좋은 상품일 수 있고, 정성스러운 상품 포장일 수 있고,

친절한 CS일 수 있습니다. 뭐가 되었든 간에 고객에게 감동을 줄 수 있도록 판매의 모든 과정에 노력과 정성을 다하는 자세를 가지는 것이 중요합니다.

 쉬어가는 코너

고객으로부터 자발적인 구매 후기를 받는 것이 가장 좋습니다만, 이런 부분은 시간이 좀 걸릴 수 있기 때문에 고객이 구매 리뷰를 쓸 수 있도록 자연스럽게 유도할 수 있는 몇 가지 팁을 살펴보고자 합니다.

첫째, 구매 후기를 쓰는 고객에게 포인트 같은 실질적인 혜택을 줘야 합니다. 왜냐하면 대부분 사람은 리뷰는 귀찮아서 잘 안 쓰게 됩니다. 그렇기 때문에 구매 후기를 쓰면 그만큼의 혜택이 있다는 것을 고객에게 자주 인식시켜주는 게 좋습니다. 예를 들어 상세페이지 상단에 구매 확정 및 리뷰 작성시 1,000원 포인트가 추가 적립된다는 문구를 넣으면 고객에게 자연스럽게 인지시킬 수 있습니다.

둘째, 고객에게 직접 상품을 배송하는 경우라면 무엇보다 정성을 다해서 꼼꼼하고 세심하게 포장해서 상품을 배송해야 합니다. 포장상태가 엉망인데 정성스러운 메모를 동봉하고 추가 포인트 혜택을 준다고 해도 이미 엉망인 포장상태 때문에 마음이 돌아선 고객의 마음은 그 어떤 혜택으로도 돌리지 못합니다.

고객에게서 구매 후기 받는 꿀팁

그렇기 때문에 상품을 포장해서 배송해 보낼 때 포장부터 정성을 다해야 합니다. 그리고 배송 보낼 때 정성스러운 메모뿐만 아니라 생각지도 못한 작은 사은품을 함께 동봉하면 고객으로부터 좋은 구매 리뷰를 받을 수 있는 가능성은 더 커지게 됩니다. 비록 사소하지만, 기대하지 않은 사은품을 받게 되면 여러분의 스토어와 상품에 대해서 호감을 느끼게 되어 좋은 리뷰를 남기게 됩니다.

셋째, 구매 후기 작성에 대해서 고객에게 반복적으로 상기시켜줄 필요가 있습니다. 고객이 상세페이지에서 구매 리뷰 작성시 포인트 적립 혜택 문구를 보았다고 해도 시간이 지나면 잊어버리게 됩니다. 그래서 상세페이지에서 한 번, 택배로 물건 받을 때 택배사에서 오는 운송장에서 한 번, 물건 배송받을 때 메모에서 한 번, 이렇게 세 번 정도까지 반복하게 되면 고객으로부터 구매 리뷰 받기가 좀 더 쉬울 수 있습니다.

넷째, 좋지 않은 리뷰도 잘 관리해야 합니다. 모든 고객으로부터 별점 5점 구매 후기만 받으면 얼마나 좋겠습니까? 하지만 만족한다, 좋아요, 많이 파세요. 이렇게 리뷰를 남기고도 별점 1점 테러하는 분들도 가끔 있습니다. 아시겠지만, 구매 리뷰에 별점 1점이 한 개라도 있게 되면 판매에 치명적입니다. 이런 경우는 고객에게 직접 전화를 해서 친절하게 물어보는 게 좋습니다. 악의를 가지고 고의로 그런 나쁜 리뷰를 남긴 고객이 아니라면 좋게 해결되는 경우가 대부분입니다. 그렇기 때문에 나쁜 리뷰를 그대로 방치하기보다는 적극적으로 해결하려고 애쓰다 보면 나쁜 리뷰도 좋게 만들 수 있게 됩니다.

아래는 안 좋은 고객리뷰를 관리하는 방법과 구매 리뷰를 유도하는 메시지에 대한 예시이니 참고하시기 바랍니다.

> 판매자 전화:
> 안녕하세요. OOO 스마트스토어 입니다. 17일에 주문하신 상품은 잘 받으셨나요?
> 다름이 아니라, 별점을 1점을 주셨길래 어떤 점이 불편하셨는지 여쭤보고 앞으로 더 좋은 상품과 서비스를 제공하는데 고객님의 소중한 피드백을 적극적으로 반영해서 개선하려고 전화드렸습니다.

<별점1점 고객리뷰를 관리하는 예시>

이런 식으로 고객에게 직접 전화를 해서 대화로 풀어가다 보면 해결되는 경우가 대부분입니다. 그래서 좋은 리뷰는 말할 것도 없지만, 좋지 않은 리뷰에도 반드시 진심의 긍정적인 답글을 남기는 것이 좋습니다. 왜냐하면 나쁜 고객리뷰에 남겨진 판매자의 진심 어린 답글은 나쁜 고객리뷰도 그렇게 나쁘게 받아들이지 않게 하는 완충재 역할을 해주기 때문입니다.

판매자 답글:

고객님, 꼼꼼하게 작성하신 소중한 리뷰 감사합니다. 만족하지 못한 부분에 대해서는 죄송합니다. 언급하신 포장상태 문제는 바로 반영해서 같은 문제가 발생하지 않도록 개선하겠습니다. 다시 한번 불편하게 해드린 점에 대해서 사과드립니다. 다음에 저의 상품을 다시 찾아주시면 더 좋은 상품으로 보답할 수 있도록 최선을 다하겠습니다.

<나쁜 고객리뷰에 판매자의 답글 예시>

OOO 고객님,

주문해 주셔서 감사합니다.

주문하신 소중한 제품이 고객님에게 안전하게 잘 배송되었기를 바랍니다. 구매 확정과 리뷰를 남겨주시면 감사 의미로 추가 1,000포인트를 적립해 드리겠습니다.

좋은 제품과 친절한 서비스로 고객님께 보답할 수 있도록 늘 최선을 다하겠습니다. 감사합니다. ^^

<고객리뷰를 유도하는 메시지 예시1>

OOO 고객님,

저희 스마트스토어에서 주문해 주셔서 감사합니다.

비타민 드시고 오늘도 활기찬 하루 보내시기 바랍니다.

P.S. 제게 비타민은 고객님의 따뜻한 리뷰입니다.:)

날마다 좋은 날 되시길 바랍니다.

〈고객리뷰를 유도하는 메시지 예시2〉

PART 5

잘 파는 블루오션 셀러가 되기 위한 실전

01

실전 1단계: 트렌드 파악하기

이제 막 스마트스토어를 시작한 초보 셀러라고 가정하고 지금부터 저와 함께 블루오션 셀러가 되기 위한 준비과정으로 실전 같은 연습을 하도록 하겠습니다.

제일 먼저 어떤 상품을 판매해야 할지 상품 분야와 카테고리를 정해야겠지요. 물론 여러분이 관심 있고 팔고 싶은 상품이 아니라 사람들이 사고 싶어 하고 관심 있어 하는 상품을 찾아야 합니다. 그런 다음 사람들이 사고 싶어 하고 관심 있어 하는 상품 중에서 남들이 보지 못하는 '그 무엇'을 찾아야 합니다. 여기서 말하는 '그 무엇'은 거창한 것이 아니라 아주 사소한 것이라도 남들과 차별되는 포인트만 찾으면 그 상품이 바로 블루오션 상품이 될 수 있습니다.

그렇다면 사람들이 사고 싶어 하고 관심 있어 하는 상품을 알아보기 위해서 먼저 네이버 검색창에서 네이버 데이터랩(datalab.naver.com)을 치고 사이트로 이동합니다.

이번에는 제가 판매하고 있는 의류가 아닌, 독자의 다양성을 고려해서 생활/건강 분야의 안마용품 카테고리를 조회해 보도록 하겠습니다. 혹시 왜 안마용품을 선택했는지 궁금해할 분들을 위해 미리 답을 하자면 안마용품 같은 상품군은 외부 환경이나 조건에 영향을 덜 받는 상품으로 계절이나 유행을 타지 않습니다. 그래서 수요나 공급 측면에서 크게 들쭉날쭉하지 않기 때문에 1년 내내 안정적으로 판매가 가능한 상품입니다. 여러분도 이런 점을 고려해서 이런 유형의 상품을 소싱하면 좋을 듯해서 선택해 봤습니다.

다시 본론으로 돌아와서, 생활/건강 분야에서 안마용품 카테고리를 조회해서 안마용품 인기 검색어 TOP 500을 먼저 살펴보도록 하겠습니다. 직장인 대상 타깃으로 안마용품을 판매할 계획이기 때문에 대부분 직장인이 가장 많이 아파하는 목, 어깨와 관련된 키워드를 선택하도록 하겠습니다. 그래서 11위, 14위, 16위에 랭크되어 있는 검색어 '어깨 마사지기, 어깨 안마기, 목 어깨 안마기' 각 키워드를 네이버 광고의 키워드 도구를 이용해서 상품명에 사용할 블루오션 키워드를 찾아보도록 하겠습니다.

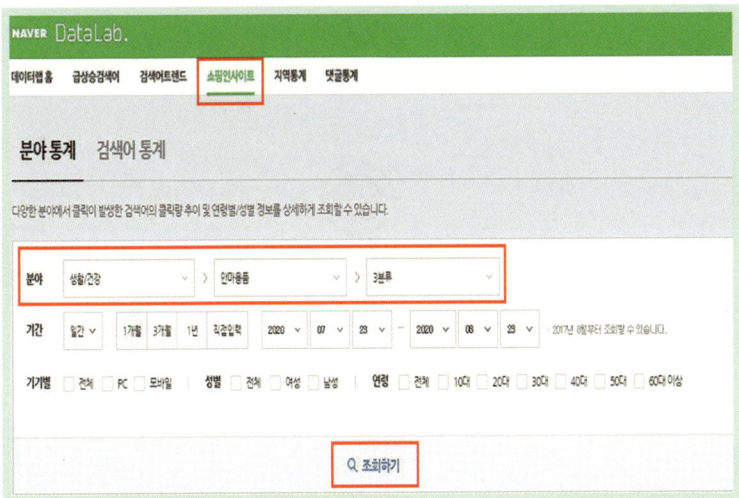

<그림1> 네이버 데이터랩 쇼핑인사이트

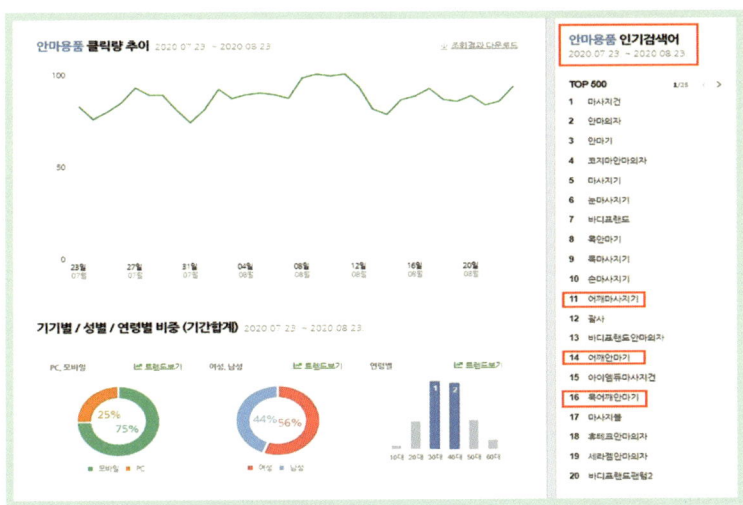

<그림2> 네이버 데이터랩 안마용품 인기 검색어

02

실전 2단계: 블루오션 키워드 찾기

앞에서 배운 것처럼 네이버 검색 광고의 핵심은 '키워드(key word)'입니다. 그렇기 때문에 네이버 쇼핑에서 '어깨 마사지기, 어깨 안마기, 목 어깨 안마기' 이런 키워드와 관련해서 판매하고자 하는 상품이 잘 노출될 수 있도록 블루오션 키워드를 찾는 것이 핵심입니다.

키워드의 핵심은 노출이기 때문에 아무리 좋은 제품을 소싱해서 섬네일과 상세페이지까지 완벽하게 잘 만들어 상품을 등록해도 그 상품이 사람들에게 노출되지 않으면 아무 소용이 없습니다. 그래서 판매하고자 하는 상품은 고객들에게 무조건 노출이 되어야 합니다. 그렇다면 상품을 어떻게 노출시킬 수 있을까요? 바로 상위 노출이 될 수 있는 블루오션 키워드를 찾아서 상품명을 잘 만들면 됩니다.

즉 검색량이 적고 상품수도 적은 경쟁이 낮은 블루오션 키워드를 찾아서 상품명을 만들면 상위 노출될 가능성이 커지게 됩니다. 이처럼 상품의 상위 노출은 고객 유입을 불러오고, 고객 유입은 상품 구매로 연결되기 때문에 키워드 찾기가 제대로 안 되면 가장 중요한 상품 구매가 일어날 수 없게 됩니다. 그래서 키워드 찾기가 중요합니다.

자, 그러면 상품명이 노출되기 위한 첫 작업으로 '어깨 마사지기, 어깨 안마기, 목 어깨 안마기' 키워드로 '블루오션 키워드'를 찾기 위해 먼저 네이버 광고(searchad.naver.com)에 로그인해서 키워드 도구로 이동합니다. 다음으로 키워드 도구 검색 칸에 '어깨 마사지기, 어깨 안마기, 목 어깨 안마기' 키워드를 각각 넣어서 조회하기를 눌러 연관 검색어를 살펴보도록 하겠습니다.

키워드 도구에서 '어깨 마사지기, 어깨 안마기, 목 어깨 안마기' 키워드 각각을 검색한 결과 '어깨 마사지기'는 검색량에 비해 상품수 경쟁 강도가 가장 낮습니다. 즉 '어깨 마사지기'는 월간 총 검색수가 23,500건이며 모바일로는 20,400건입니다. 그리고 네이버 쇼핑에서 등록된 전체 상품수는 50,799건으로 검색수 대비 상품수 경쟁 강도는 2.16%입니다. 그래서 '어깨 마사지기'를 메인 키워드로 잡고 이 키워드 중심으로 검색량도 적고 상품수도 적은 블루오션 키워드에 해당하는 세부 키워드를 찾도록 하겠습니다.

키워드 도구		어깨 마사지기	총 검색량	어깨 안마기	총 검색량	목어깨 안마기	총 검색량
월간 검색량	모바일	20,400	23,500	8,560	10,3500	9,150	10,570
	PC	3,100		1,790		1,420	
네이버 쇼핑 전체 상품수		50,789		108,568		68,209	
경쟁강도		2.16%		10.49%		6.45%	

<표 1> 키워드 도구와 네이버 쇼핑 검색을 이용해서 키워드 찾기
 *검색결과는 날짜에 따라 상이할 수 있음

키워드 도구의 검색 칸에 '어깨 마사지기' 키워드를 치고 조회하기를 눌러서 어떤 세부 키워드들이 있는지 스크롤 바를 내리면서 쭉 훑어 봅니다. 저는 연관 키워드 중에서 '승모근 마사지' 키워드가 눈에 띄어서 검색수를 확인해보니, 월간 총 검색수는 9,160건이며 모바일로는 7,860건으로 거의 대형 키워드입니다. 보통 같으면 이런 대형 키워드는 패스하겠지만, '승모근 마사지' 키워드로 네이버 쇼핑에 얼마나 많은 상품이 등록되어 있는지 궁금해서 네이버 쇼핑에서 검색해 보았습니다. '어라', 검색량에 비해 상품수가 적습니다.

네이버 쇼핑에서 '승모근 마사지' 키워드로 등록된 전체 상품수는 3,314건으로 검색수 대비 상품수 경쟁 강도는 0.36%밖에 안 됩니다. 당연히 이 키워드를 사용해서 상품명을 만들어야겠지요.

이런 식으로 계속해서 세부 키워드를 2~3개 더 찾아서 메인 키워드 '어깨 마사지기'와 잘 조합해서 최종 상품명을 만들면 됩니다.

이번에는 키워드 도구의 검색 칸에 앞에서 찾은 키워드 '승모근 마사지'로 세부 키워드를 찾아보도록 하겠습니다.

스크롤 바를 내려가면서 쭉 훑어보니 이번에는 검색량이 적은 '뒷목 마사지' 키워드가 눈에 들어옵니다. 검색량을 확인해 보니 월간 총 검색수가 1,340건이며 모바일로는 1,090건으로 소형 키워드로 괜찮아 보입니다. 당연히 네이버 쇼핑에서도 이 키워드로 상품수가 몇 개나 등록되어 있는지 확인해야겠지요. '뒷목 마사지' 키워드로 네이버 쇼핑에 등록된 전체 상품수는 1,340건으로 검색수 대비 상품수 경쟁 강도는 1.46%입니다. 당연히 이 키워드도 상품명에 사용해야겠지요.

키워드 도구		승모근 마사지	총검색량	뒷목 마사지	총검색량
월간 검색량	모바일	7,860	9.160	1,090	1,340
	PC	1,300		250	
네이버쇼핑 전체 상품수		3,314		1,957	
경쟁강도		0.36%		1.46%	

\<표 2\> 키워드 도구와 네이버 쇼핑 검색을 이용해서 키워드 찾기
*검색결과는 날짜에 따라 상이할 수 있음

이번에는 중복되는 키워드를 제외하고 앞에서 찾은 키워드로 노출될 수 있는 상품명을 만들어 보도록 하겠습니다. 물론 상품명으로 만들기에 키워드가 부족하지만, 키워드를 어떤 식으로 찾아가는지를 보여주기 위한 과정이므로 더 많은 세부 키워드는 여러분이 직접 찾아보시기 바랍니다.

앞에서 찾은 키워드를 가지고 상품명을 조합하는 방법은 아래와 같습니다.
1단계는 최종 상품명을 만들기 위해서 찾은 '블루오션 키워드'를 쭉 나열해 봅니다. 즉 제가 찾은 블루오션 키워드는 '어깨 마사지기, 승모근 마

사지, 뒷목 마사지' 키워드 입니다.

2단계는 중복되는 단어는 한 번만 사용해서 키워드가 겹치지 않도록 상품명을 잘 조합해서 만듭니다. 저는 여기서 '뒷목 마사지' 키워드를 제일 먼저 상위 노출시키고 싶기 때문에 '뒷목 마사지' 키워드를 제일 앞에 넣어서 다음처럼 상품명을 만들었습니다.

'뒷목 마사지 승모근 어깨 마사지기'

3단계는 2단계에서 만든 상품명에 관련 키워드를 추가해서 앞, 뒤, 중간에 넣어서 더 다양한 키워드로 검색될 수 있도록 상품명을 다시 조합합니다. 저는 '목, 안마' 키워드를 추가해서 상품명을 아래처럼 만들어 봤습니다.

'뒷목 마사지 승모근 목 어깨 안마 마사지기'

위와 같은 방법으로 관련 키워드 및 세부 키워드를 더 추가해서 상품명을 만들면 됩니다.

03

실전 3단계: 블루오션 상품 소싱하기

상품명을 만들었으면 이제는 이 상품명에 맞춰서 아이템을 소싱하면 됩니다. 그런데 보통 안마용품 같은 상품은 처음부터 사입으로 진행하기가 여러 면에서 부담스럽기 때문에 먼저 위탁판매로 접근을 하는 것이 좋습니다.

먼저 여러분이 알고 있는 도매사이트를 이용해서 키워드와 관련된 상품을 검색합니다. 위탁판매 상품을 찾을 때는 가격이 너무 비싸지 않으면서 가성비가 좋은 상품을 찾는 것이 관건입니다. 이유는 가격이 비싸면 비용 면에서 부담이 될 수 있고, 고객 역시 가격 때문에 선뜻 구입하기가 부담스러울 수 있기 때문에 부담 없는 가격대의 상품을 선정하는 것이 좋습니다.

키워드에 맞는 상품이 결정되면 그 상품을 공급하는 업체가 중간 도매상인지 아니면 직접 상품을 공급하거나 직수입하는 업체인지 확인해야 합니다. 이유는 가격 부분에서도 좀 더 저렴하게 공급받을 수 있는 여지가 있고, 무엇보다 갑작스러운 상품 품절이나 가격 상승 없이 안정적으로 공급받는 것이 위탁판매 상품에 있어서 중요하기 때문입니다.

상품과 공급업체가 정해졌으면 이번에는 판매할 상품을 직접 사서 상품의 품질을 꼼꼼히 확인해야 합니다. 하지만 대부분 초보 셀러는 이 과정을 생략하고 도매 공급처에서 제공하는 상품 이미지를 그대로 퍼 와서 올리고는 상품이 팔리기를 바랍니다. 안 팔리는 게 당연한데 '왜 안 팔리는지?' 고민만 하는 모습을 보면 참으로 안타깝습니다.

어쨌든, 여기서 강조하고 싶은 사항은 여러분의 스마트스토어를 지속적으로 성장 발전시키고 싶은 목표가 있다면 무엇보다 좋은 품질의 상품을 판매해야 합니다.

다시 본론으로 돌아와서, 상품 샘플을 구입해서 직접 써 본 결과 좋은 품질의 상품이라는 판단이 들면 상품 사진을 직접 찍어서 섬네일과 상세페이지를 만듭니다. 섬네일이나 상세페이지를 어떻게 만들어야 할지 전혀 감이 없다면 판매할 상품 키워드로 네이버 쇼핑에서 검색해서 경쟁 상품들을 먼저 살펴봅니다.

'상품명은 어떻게 만들었는지?'

'상품 가격은 얼마인지?'

'고객은 어떤 구매 리뷰를 남겼는지?'

'섬네일은 어떤지?'

'상세페이지는 어떤지?'

이렇게 자세히 살펴본 다음에 경쟁 상품에서 찾을 수 없는 '그 무엇'을 찾아서 그 점을 차별화시켜서 남들과 다르게 만들어야 합니다. 차별화라고 해서 거창하거나 대단한 것은 아닙니다. 아주 사소한 한 끗이 바로 남들과 다른 큰 차별화를 만든다는 사실을 늘 염두에 두고 '그 한 끗'을 찾아내려고 노력해야 합니다.

04

실전 4단계: 섬네일 콘셉 잡기

상품 섬네일은 위탁판매 업체가 제공하는 사진을 그대로 퍼다가 사용하지 말고 상품을 구입해서 직접 찍은 사진으로 섬네일을 만들어야 합니다. 위탁판매 상품이라도 남들처럼 그대로 퍼 와서 사용하는 것이 아니라 직접 사진을 찍어 섬네일을 만들어 올리면 그 자체만으로 일단 남들과 다른 차별화를 만들어 냅니다.

항상 말씀드리지만, 섬네일의 역할은 눈에 띄어서 고객이 상품을 클릭하게 만드는 것이라고 했습니다. 이 말은 구매가 일어나기 위해서는 무조건 고객 유입이 선행되어야 한다는 의미입니다. 고객 유입이 이루어지기 위해서는 고객에게 상품이 많이 노출되어야 합니다. 그래서 상품명을 노출하기 위해서 블루오션 키워드 찾는 법을 배웠고,

여러분이 판매하는 상품의 섬네일도 고객의 눈에 띄어야 하므로 남들과 다른 차별성이 있는 섬네일 만드는 법에 대해서도 배웠습니다. 그러면 '목 어깨 마사지' 상품에 대한 섬네일은 어떻게 만들면 될까요? 타깃 고객층을 직장인으로 잡았기 때문에 직장인 콘셉으로 가면 좋을 거 같습니다.

하루 종일 책상에 앉아서 컴퓨터로 작업하다 보면 목과 어깨가 결리고 뻐근하고 아프기까지 합니다. 마음 같아서는 마사지숍으로 달려가서 1시간 정도 마사지를 받고 싶지만, 근무 중에 그럴 수도 없습니다. 이럴 때 직원 휴게실이나 탕비실에 가서 '목 어깨 마사지 안마기'로 셀프 마사지를 받으면 좋겠다는 생각으로 아래 섬네일 사진을 만들어 봤습니다.

이처럼 섬네일 사진도 미리 콘셉을 잡아서 만들게 되면 상품 타깃 고객층에게 더 어필이 됩니다. 그래서 타깃 고객층과 고객 니즈에 초점을 맞춰서 섬네일이나 상세페이지 만들게 되면 상품이 타깃층에 훨씬 더 효과적으로 전달되기 때문에 구매로 이어질 가능성이 커지게 됩니다.

다시 정리하면, 위탁판매 상품일지라도 도매 공급처에서 제공하는 섬네일이나 상세페이지 이미지를 그대로 사용하지 말고 직접 상품 사진을 찍어서 섬네일을 만들어야 합니다. 왜냐하면 직접 상품 사진을 찍는 것, 그 자체만으로도 이미 남들과 다른 차별화를 만들어 내기 때문입니다. 그리고 섬네일을 만들기 전에 네이버 쇼핑에서 경쟁 상품의 섬네일을 살펴보고 그들과는 다른 '그 무엇'을 찾아내어 그 점을 부각해서 섬네일을 만들게 되면 고객의 눈에 띄게 됩니다. 일단 고객의 눈에 띄게 되면 다른 상품보다 먼저 클릭할 가능성이 커지게 됩니다. 이는 궁극적으로 구매로 이어질 가능성을 높여줍니다.

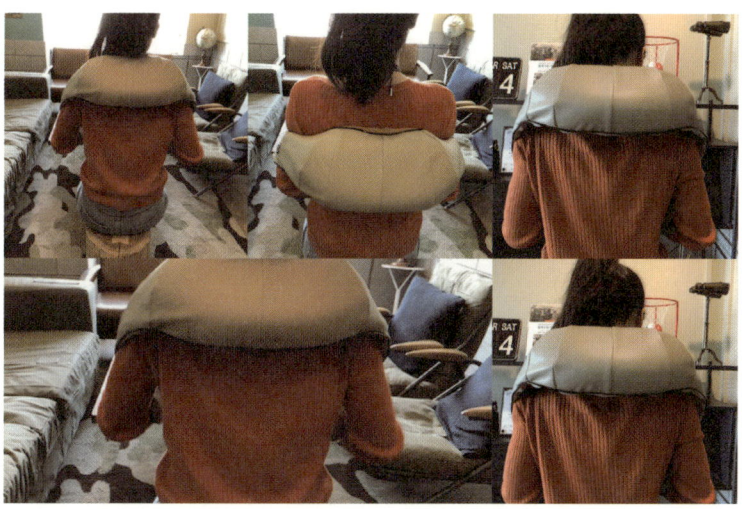

〈그림 1〉 위탁판매 상품, 직접 구입해서 찍은 상품으로 만든 섬네일 예시

05

실전 5단계: 상세페이지 한 끗 만들기

지금까지 배운 것을 잘 활용해서 섬네일을 만들었다면 이제는 구매와 직접 연결되는 상세페이지를 만들 차례입니다.

아시다시피 상세페이지는 고객을 설득해서 구매하기 버튼을 누르게 만드는 역할을 하는 것입니다. 그렇기 때문에 상품의 장점만을 단순하게 나열하고 있는 상세페이지는 고객을 설득하기에 부족합니다. 당연히 실질적인 구매로 이어지기도 쉽지 않습니다.

그렇다면 상세페이지를 어떻게 만들어야 고객이 설득되어 구매로 이어지게 할 수 있을까요? 앞에서 배운 대로 문제 인식〈해결〈장점〈혜택 이런 흐름의 구성으로 상세페이지를 만들면 고객으로부터 공감대를 쉽게 끌어낼 수 있습니다. 일단 고객으로부터 공감대를 끌어

내게 되면 설득하기는 한층 더 쉬워집니다.

그래서 상세페이지의 첫 부분은 고객이 느끼는 문제를 언급하는 멘트와 직관적인 이미지를 사용하는 게 좋습니다. 그래서 저는 이 상품의 타깃층을 30~40대 직장인으로 잡았기 때문에 상세페이지 첫 부분에 다음과 같은 멘트와 이미지를 넣어서 보여줄 겁니다.

"업무 중에 목, 어깨, 뒷목 등이 미친 듯이 아파서 잠시나마 마사지 받으면 좋겠다고 생각한 적 없으신가요?"

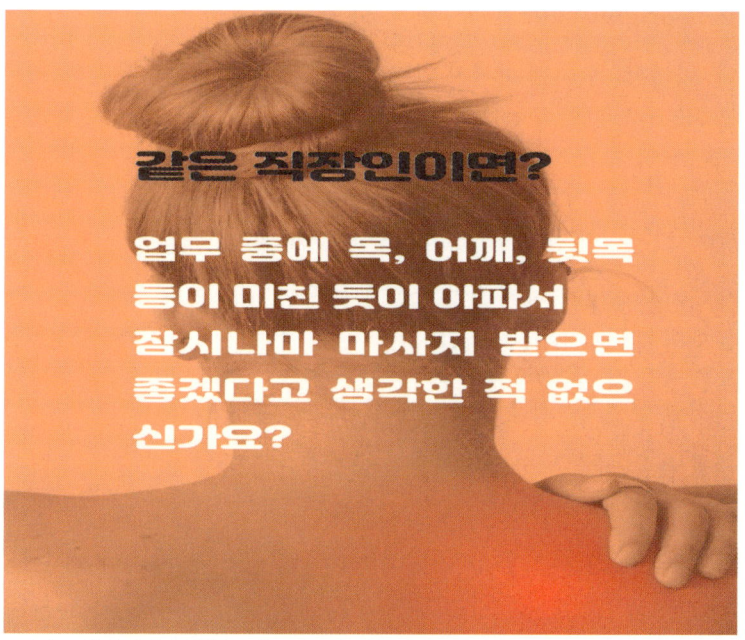

〈그림1〉 상세페이지 첫 부문에 공감대를 이끌어낼 멘트와 이미지 예시

만약 이런 경험이 있는 직장인이라면 상세페이지 처음에 나오는 이런 '문제 인식'의 멘트에 공감하면서 계속 상세페이지를 보게 됩니다. 고객이 상세페이지에 오래 머물면 머물수록 구매 전환으로 이어질 가능성이 커집니다.

이렇게 문제 인식을 상세페이지 첫 부분에 잘 언급했다면 다음에 이어서 나오는 내용은 해결 부분입니다. 해결 부분에서는 이런저런 이유로 업무 중에 어깨, 목, 뒷목이 아파도 딱히 참는 거 말고는 달리 해결 방안이 없는 직장인들을 위해서 이런 상품을 준비하게 되었다는 내용이 이어지면 잠재 고객은 이 상품에 더 집중할 수 있게 됩니다. 이어서 '목 어깨 마사지 안마기'의 특징이나 장점을 부각하는 직관적인 동영상이나 움짤을 넣어주면 고객은 상품의 필요성을 더 느끼게 됩니다. 여기다 구매를 부르는 마무리 터치로 '론칭 기념으로 50개 한정으로 선착순 할인 혜택 제공'이라는 고객 혜택 내용을 상세페이지에 넣게 되면 선착순 할인 혜택 조건 때문에 구매하기 버튼을 누를 가능성이 더 커지게 됩니다.

이처럼 상세페이지는 고객이 이탈하지 못하게 처음부터 끝까지 고객을 붙잡아 둘 수 있는 장치들을 중간중간에 다 마련해 놓아야 합니다.

다시 정리해보면 다음과 같습니다.

상세페이지 첫 부분에는 문제 인식을 언급하는 멘트로 고객의 공감을 끌어냅니다. 그런 다음에 그 문제를 해결하는 데 도움이 되는 상품에 대한 설명이 이어지게 되면 고객은 그 상품에 대한 필요성을 느끼게 됩니다. 그리고 나서 본격적으로 상품의 특징과 장점을 직관적으로 보여주는 동영상이나 움짤을 활용해서 상품의 필요성을 더 부각시킵니다. 마지막으로 고객에게 이득이 되는 혜택까지 언급하면 고객은 그 상품에 대한 호감도와 함께 필요성을 크게 느끼게 됩니다. 이는 결국 구매로 이어질 가능성을 높여주게 됩니다.

물론 처음부터 상세페이지를 이렇게 뚝딱하고 잘 만들지는 못하겠지만, 앞에서 배운 내용을 토대로 시행착오를 거치면서 이렇게 저렇게 직접 만들다 보면 남들과는 분명히 다른 차별성 있는 상세페이지를 만들게 될 것입니다. 바로 이 지점부터가 여러분만의 블루오션을 만들어가는 출발점이 되는 것입니다.

06

실전 6단계: 네이버 검색 광고 활용하기

상세페이지까지 다 만들었으면 이제는 여러분의 스마트스토어에 상품 등록을 하면 됩니다. 상품 등록 후에는 상위 노출을 위해서 네이버 쇼핑 검색 광고를 실행하면 됩니다. 하지만 여기서 한 가지 명심해야 할 사항은 네이버 쇼핑 검색 광고를 진행하기 전에 반드시 지인 찬스를 이용해서 구매 건수와 리뷰 건수를 단 몇 건이라도 만들어 놓아야 합니다. 왜냐하면 앞에서도 누누이 말씀드렸듯이 상품을 등록하고 상위 노출을 하기 위해 비싼 클릭 비용으로 네이버 광고를 한다고 해서 바로 주문이 들어오거나 판매가 일어나지는 않습니다.

아시다시피 네이버 검색 광고는 기본적으로 경쟁입찰 방식으로 클릭당 돈이 빠져나가는 CPC (Cost Per Click) 구조입니다. 즉 클릭당 단가가 제일 높은 사람의 상품이 상위 노출되는 구조이므로 여러분의 상품을 네이버 쇼핑에 상위 노출을 시키고 싶다면 클릭 단가 비용을 가장 높게 설정해서 검색 광고를 하면 됩니다. 하지만 경쟁자 누군가가 여러분보다 더 높은 클릭 단가 비용으로 광고를 하게 되면 여러분의 상품은 자연히 뒤로 밀려나게 됩니다. 게다가 구매로 이어지지 않으면 비싼 광고비만 허공에 날리는 셈이 되기 때문에 초보 셀러가 하기에는 무리입니다.

그렇다면 이런 상황에서 어떻게 해야 할까요?

비싼 광고 비용에 대한 걱정 없이 상품을 상위 노출시켜서 고객을 유입하고 구매까지 이어지게 하는 방법은 없을까요? 물론 있지요. 무조건 많이 팔면 됩니다.

앞에서도 설명했듯이 네이버 상품검색 알고리즘은 구매 건수와 리뷰 건수가 많으면 광고 없이도 그 상품을 상위로 노출해주는 로직을 가지고 있습니다. 그러므로 네이버 상품검색 알고리즘의 로직을 충분히 활용하려면 반드시 네이버 쇼핑 검색 광고를 진행하기 전에 구매 건수와 리뷰 건수를 몇 건이라도 만들어 놓아야 광고 효과를 볼 수 있습니다. 그래서 지인 찬스를 이용해서 구매 건수와 리뷰 건수를 만들어서 먼저 판매 물꼬를 터 준 다음에 네이버 쇼핑 검색 광고를 진행하면 저비용으로 고효율의 광고 효과를 볼 수 있습니다. 단, 지인 찬스를 이용할 때 절대로 어뷰징이나 조작으로 구매 건수와 리뷰 건수를 만들면 안 됩니다. 그냥 친한 지인에게 앞에서 사용한 다음과 같은 멘트를 한 번 날려주면 됩니다.

"이번에 쇼핑몰 오픈했는데 이 물건 나도 써보니 좋더라. 너한테도 필요한 상품일 거 같아서 정보 차원으로 알려주는 거다. 우리 쇼핑몰에 들어와서 구경 한번 해봐."

이 정도만 말해도 친한 지인들은 말귀를 다 알아듣고 하나씩 다 구매해 줍니다.

다시 정리해보면 다음과 같습니다.
상위 노출될 수 있는 블루오션 키워드를 먼저 찾고, 그 키워드에 맞춰서 상품을 소싱하고, 상품 품질을 확인한 후에 직접 상품 사진을 찍어서 섬네일과 상세페이지를 만들어 상품을 등록합니다. 그리고 판매 물꼬를 만들기 위해서 지인 찬스를 이용해서 구매 건수와 리뷰 건수를 몇 건 만든 다음에 네이버 쇼핑 검색 광고를 실행합니다.
이 모든 과정이 바로 포화상태인 쇼핑몰 레드오션 시장 속에서 '나만의 블루오션'을 만들기 위한 기본 세팅입니다. 이런 식으로 상품을 등록하면 주문이 한두 개씩 들어오는 가시적인 성과가 나타나게 될 것입니다.

잘 파는 블루오션 셀러가 되기 위한 실전

복습하고 정리하는 차원에서 네이버 데이터랩의 쇼핑 인사이트를 활용해서 키워드 찾기부터 상품등록까지 1단계부터 6단계까지 전체를 진행해보세요.

평범한 그들이 보여준 성공사례

01

첫 번째 성공사례
(30대 후반/남/서울, 생활용품 쇼핑몰, 위탁판매)

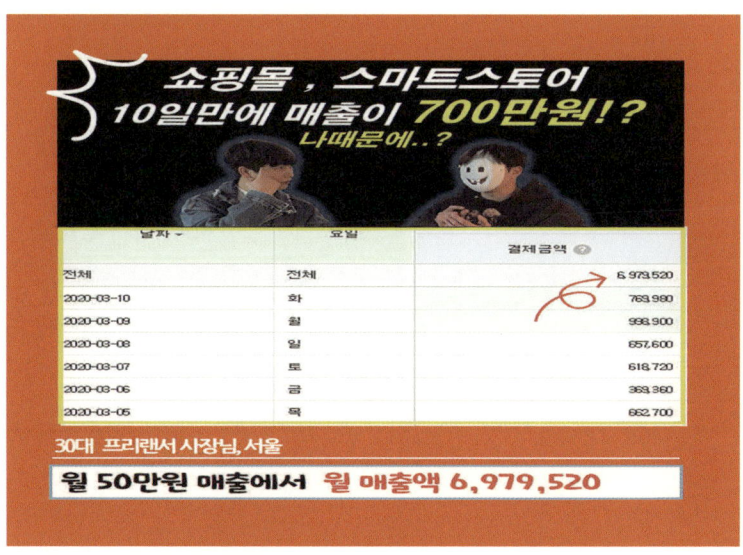

〈성공사례 1〉 월매출 700만원으로 파워 등급 달성

"방향을 못 잡고 헤매고 있어서 아주 답답했는데 향기님이 제대로 방향을 잘 잡아주신 덕분에 파워 등급을 달성하게 되었습니다. 그래서 향기님은 저에게 은인 같은 존재입니다."

판매상품: 생활용품 (위탁판매 + 사입)	
컨설팅 전	컨설팅 후
월매출 50만원대	월매출 700만원대
전반적인 상황	해결책 제시
① 위탁판매 상품 이미지 그대로 사용 ② 상세페이지 디테일 부족 ③ 상세페이지에 상품의 특징이나 장점을 보여주는 동영상이니 움짤 없음	① 상품 사진을 직접 찍고 섬네일은 경쟁상품과 차별화를 만들 것 ② 상세페이지에 상품 디테일을 보여주는 사진을 많이 추가할 것 ③ 상품의 특징이나 장점을 직관적으로 보여주는 동영상이나 움짤을 올릴 것 ④ 미끼 상품을 활용할 것

위의 사례자분은 쇼핑몰을 시작하고 2개월 지난 시점에 저를 찾아왔습니다. 그때가 2019년 12월이었고, 11월 당시 월 매출은 50만원 정도였습니다. 나름 열심히 한다고 하는데도 매출이 오르지 않자, 해결책을 찾고자 여러 유튜브를 찾아보다가 제 영상을 보고 연락을 해와서 직접 만나 운영하는 쇼핑몰을 살펴보게 되었습니다.

이분은 일상생활에 필요한 상품 위주로 판매를 하고 있었기 때문에 이 부분에 있어서는 쇼핑몰의 콘셉은 잡혀있는 상태였습니다. 하지만 이 부분을 제외하고는 개선해야 할 점들이 많이 보였습니다.

제가 본 관점에서 개선해야 할 사항은 크게 네 가지였습니다.

첫째, 상품명은 고객들이 검색하지 않는 키워드와 불필요한 꾸임어를 사용했기 때문에 노출이 전혀 안 되는 상태였습니다.

둘째, 상품 사진은 직접 찍은 사진과 위탁판매 사진을 그대로 퍼다가 사용하고 있었기 때문에 남들과 다른 특별한 차별성은 없었습니다.

셋째, 상품의 상세페이지 역시 상품에 대한 디테일 내용과 사진이 많이 부족한 상태였으며, 상품의 특징이나 장점을 잘 나타내주는 직관적인 동영상이나 움짤은 전혀 없었습니다.

넷째, 20여 개의 상품을 판매하고 있었지만, 고객을 자신의 스토어로 유입할 수 있는 대표 상품이 하나도 없었습니다.

그래서 제가 위의 사례자분에게 제시한 해결책을 요약하면 다음과 같습니다.

첫째, 상품의 섬네일과 상세페이지는 위탁판매 상품의 이미지를 그대로 퍼다가 올리지 말고 직접 찍어서 올려야 한다고 했습니다.

자신의 스마트스토어를 성장 발전시키고자 한다면 어떤 상품이든 판매전에 샘플을 사서 상품의 품질을 반드시 확인해야 합니다. 그런 다음 섬네일의 콘셉을 정해서 고객의 눈에 띄게 만들어야 합니다. 상세페이지 역시 남과는 다른 차별 포인트에 대해 콘셉을 미리 잡고 만들어야 합니다.

이렇게 고민해서 만든 섬네일과 상세페이지는 여러분이 운영하는 스마트스토어의 자산이 될 뿐만 아니라 상품에 대한 신뢰를 높여주게 됩니다. 이는 궁극적으로 남들과 다른 차별화를 만들어 내고 동시에 성공적인 브랜드를 구축하는데 튼튼한 기초를 만들어 주게 됩니다.

그렇기 때문에 상품의 섬네일과 상세페이지를 만들 때 경쟁 상품들을 먼저 조사하고 분석한 다음에 그들에게서 없는 '그 뭔가'를 찾아서 그들과 다른 차별화를 만드는 것이 핵심입니다.

위탁판매 상품 이미지를 그대로 퍼다 와서 사용하면 물론 쉽고 편하기는 하겠지만, 남들과 차별성이 없기 때문에 '잘 팔리지 않는' 승산 없는 게임을 하게 됩니다.

판매가 되지 않을 때는 다 그만한 이유가 있습니다. 그렇기 때문에 판매가 잘 안 된다면 '왜 판매가 잘 안 되지?' 이렇게 고민한 할 게 아니라 왜 판매가 안 되는지에 대해서 해결책을 찾으려는 노력을 해야 합니다. 그러면서 상품의 섬네일과 상세페이지를 끊임없이 점검하고 수정 보완하는 작업을 해야 합니다. 이렇게 저렇게 수정 보완하는 과정에서 자신만의 블루오션 방법을 찾게 됩니다.

둘째, 상세페이지에 상품의 디테일을 보여주는 이미지를 많이 넣고 경쟁 상품과 차별화할 수 있는 상품의 특징 및 장점 한 가지를 콕 집어서 보여주는 동영상이나 움짤을 활용해야 한다고 했습니다.

늘 하는 얘기지만, 온라인 쇼핑몰 특성상 고객은 상품을 직접 눈으로 보거나 손으로 만져볼 수 없기 때문에 고객은 상품에 대해서 궁금증이 많을 수밖에 없습니다. 그러므로 고객이 궁금해할 사항들을 미리다 반영해서 많은 이미지 컷으로 상품의 디테일을 보여줘야 합니다. 바로 이점 때문에 상품의 신뢰도가 높아지며 이는 결국 구매로 이어질 가능성을 높여줍니다.

셋째, 20여 개의 상품을 판매하고 있었지만, 고객을 유입할 만한 대표 상품이 없어서 미끼 상품을 따로 만들라고 했습니다. 미끼 상품은 글자 그대로 고객을 유입하기 위한 미끼입니다. 그렇기 때문에 미끼 상품은 무엇보다 가성비가 좋아야 합니다. 즉 상품의 퀄러티는 좋고 반면에 가격은 저렴해서 마진은 거의 없는 상품을 말합니다. 그렇다고 해서 품질이 별로인 상품을 최저 가격으로 고객을 유입하는 미끼 상품으로 사용해서는 안 됩니다. 이는 궁극적으로 여러분의 스마트 스토어에 대한 신뢰를 무너뜨리게 되어 판매에 치명적인 영향을 끼치게 됩니다. 그렇기 때문에 미끼' 상품은 반드시 좋은 품질의 가성비 좋은 상품이어야 합니다. 그래야 여러분 스토어로 유입된 고객이 다른 상품을 함께 구매해서 객단가를 높일 수 있는 긍정적인 역할을 하게 됩니다.

결론적으로 위의 사례자는 제가 알려준 방법대로 섬네일과 상세페이지를 다 수정했습니다. 위탁판매 상품의 경우 퍼다 올린 상품 이미지는 다 삭제하고 직접 사서 사용한 상품으로 섬네일과 상세페이지를 만들어 올렸습니다. 그리고 상품의 디테일을 보여주는 많은 이미지 컷과 상품의 특징을 직관적으로 보여주는 움짤을 사용해서 상품에 대한 신뢰도를 높였습니다. 게다가 상품명도 검색량이 2,000건 이하면서 상품수가 '블루오션 키워드' 2~3개를 찾아서 상품명도 전면 수정했습니다.
이런 식으로 제가 알려준 해결책을 그대로 따라서 실행한 결과, 3월에는 월 매출 700만원을 달성하는 파워 등급이 되었습니다.

02

두 번째 성공사례
(22세/남/대학생/서울, 남성의류 쇼핑몰, 사업)

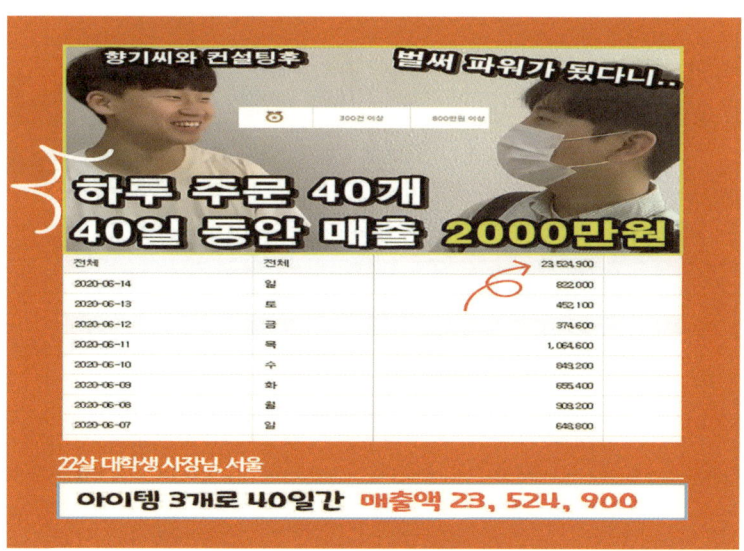

〈성공사례 2〉 40일간 매출 2천만원으로 빅파워 등급 달성

"향기님은 매우 솔직하고 현실적인 조언을 해주시는 분입니다. 스마트스토어에 대해서 아무것도 몰랐던 제가 시행착오 한번 겪지 않고 시작부터 좋은 출발을 할 수 있었던 건, 향기님한테 처음부터 잘 파는 영업비밀을 제대로 잘 배우고 전수받았기 때문인 것 같습니다."

판매상품: 남성의류 (사입)	
컨설팅 전	컨설팅 후
스마트스토어 시작 전	월매출 2,000만원대 빅파워 등급
전반적인 상황	해결책 제시
① 반려견 병원비 100만원이 필요 ② 부모님에게 받은 용돈 40만원이 자본금 ③ 판매할 아이템에 대해서 구체적인 PPT 계획서가 준비 중인 상태	① 타깃 고객층이 형성될 상품군으로 고객 유입을 위한 노출 작업에 집중할 것 ② 키워드 도구를 이용해서 블루오션 키워드 찾기에 집중할 것 ③ 상세페이지에 상품의 특징이나 장점을 직관적으로 보여주는 이미지나 동영상 또는 움짤을 추가할 것

위의 사례자분은 반려견의 병원비 100만원을 벌기 위해서 여러 방법을 찾던 중에 스마트스토어에 대해서 알게 되었고, 유튜브에서 스마트스토어에 관련된 여러 영상들을 찾아보던 중 저의 유튜브 영상을 보고 연락을 해와서 만나게 되었습니다.

위의 사례자가 저를 만났을 때는 부모님에게 받은 용돈 40만원이 전부였으며, 반려견 병원비를 부모님께 손 벌리지 않고 자신이 꼭 벌고 싶다는 의지가 가득했습니다. 물론 저를 만났을 당시, 이분은 이제 막 스마트스토어를 시작하려고 정보를 찾는 과정이었기 때문에 사업자등록증도 없었고, 스마트스토어도 개설되어 있지 않았고, 상품 소싱에 대한 기본 개념조차 모르고 있는 상태였습니다. 하지만 자신이 판매할 아이템에 대해서는 구체적인 계획서를 준비해서 가져왔기 때문에 빠른 시간 안에 충분히 좋은 성과를 낼 수 있겠다는 확신의 느낌이 들었던 분이었습니다.

이 사례자가 빠른 시간 안에 성과를 낼 수 있었던 가장 큰 이유는 스마트스토어에 관해서 아무것도 아는 것이 없는 백지상태였기 때문입니다. 즉 시행착오나 실패 없이 아이템 소싱부터 '블루오션 키워드' 찾는 법까지 제가 알고 있는 모든 방법을 스펀지처럼 다 흡수해서 그대로 따라 하고 열심히 실행한 덕분이었다고 생각합니다.

그래서 제가 위의 사례자분에게 제시한 해결책을 요약하면 다음과 같습니다.

위의 사례자분이 판매할 아이템은 남성 의류였지만, 확실한 마니아층이 형성될 수 있는 세분된 아이템이었습니다. 그래서 타깃 고객층과 연령층에 상품만 제대로 노출되면 판매가 일어날 수 있는 확실한 아이템이었기 때문에 무엇보다 상품을 상위 노출 시켜서 고객을 유입하는 것을 최우선 목표로 잡고 이 부분을 집중 공략하기로 했습니다.

제일 먼저 네이버 광고의 키워드 도구를 이용해서 그 타깃 고객층이 검색할 '블루오션 키워드'를 찾는 방법을 알려주었습니다. 위 사례자분은 제가 알려준 방법으로 블루오션 키워드를 찾는데 무려 1주일 정도 시간을 쏟아부었습니다. 결국 사례자분이 찾은 키워드가 네이버 쇼핑에서 상위 노출이 되면서 타깃 고객층에 노출이 되어 구매가 일어나기 시작하고 리뷰가 쌓이면서 월매출 2천만원을 찍고 빅파워 등급을 달게 되었습니다.

위 사례자분의 가시적인 성과가 말해주듯이 스마트스토어의 성공 핵심은 '블루오션 키워드'를 찾느냐 못 찾느냐에 달려있습니다. 그렇기 때문에 사람들이 검색하는 상품 키워드 중에서 검색량과 상품수를 검토해서 경쟁이 낮은 '블루오션 키워드'를 찾는데 많은 시간과 노력을 집중해야 합니다. 그래야 이미 포화상태인 레드오션 시장 속에서도 나만의 블루오션을 찾아서 성장 발전하는 블루오션 셀러가 될 수 있습니다.

결론적으로 위 사례자분의 성공 요인은 타깃 고객층에 상품이 노출될 수 있도록 블루오션 키워드를 찾아서 상품명을 잘 만든 데 있었습니다. 블루오션 키워드 때문에 네이버 쇼핑에서 특정 키워드로 상품이 상위 노출될 수 있었고, 상위 노출은 고객 유입을 불러오고, 고객 유입은 구매로 이어져서 2,000만원대의 월매출을 달성할 수 있게 되었습니다. 게다가 상세페이지에서도 다른 경쟁상품과는 달리 고객이 궁금해할 질문 사항을 많은 이미지 컷과 움짤을 이용해서 친절하고 자세하게 다 보여줌으로써 고객이 믿고 살 수 있도록 상품의 신뢰도를 높여 놓았습니다.

예를 들어 좋은 원단에 시원한 소재, 물세탁 가능, 핏을 살려주는 원단이라는 특징 등을 전후 비교 사진과 움짤 등을 이용해서 먼저 타깃 고객층의 공감대를 불러 모았습니다. 일단 고객의 공감을 끌어내는 데 성공하면 고객은 상품에 대한 필요성을 더 크게 느끼기 때문에 바로 구매로 이어질 가능성이 커지게 됩니다.

거기다 품질이 좋은 상품, 정성스러운 포장, 손으로 직접 쓴 감동적인 메모, 친절한 댓글, 포인트 추가적립이라는 고객 혜택까지, 이 모든 것이 다 결합되어 월매출 2천만원이라는 결과를 만들어 냈다고 생각합니다.

판매자의 이런 노력과 정성이 고객에게 고스란히 전달되면 고객은 감동하게 되고, 감동한 고객은 고객리뷰로 자신들의 감동을 표현하게 됩니다. 이런 식으로 좋은 고객리뷰가 하나둘씩 쌓이게 되고, 좋은 리뷰는 또 다른 구매를 불러오면서 매출이 점점 늘어나게 되었습니다. 즉 이런 식의 선순환 과정으로 짧은 시간에 좋은 성과가 만들어졌다고 생각합니다.

그래서 스마트스토어 오픈 10일 만에 월매출 210만원 달성하고 두 달이 지나서는 월매출 2천만원까지 달성한 빅파워 등급이 되어 확실한 성공의 본보기를 잘 보여 주었던 분이었습니다.

03

세 번째 성공사례
(31세/남/직장인/대구, 남성의류 쇼핑몰, 사입)

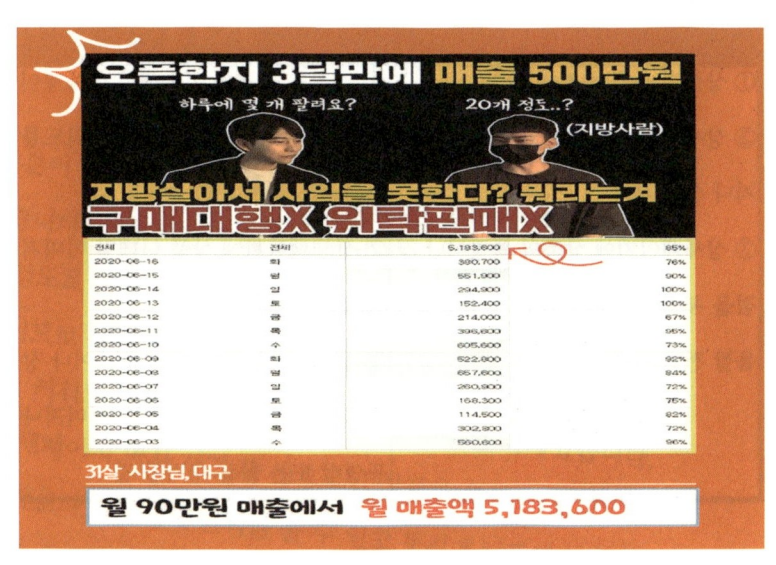

<성공사례 3> 오픈한지 3달 만에 월매출 5백만원 달성

고로 광고비 지출이 확 줄어들었기 때문입니다. 게다가 전에는 판매가 거의 없던 상품들도 블루오션 키워드로 상품명을 전면 수정하고 난 이후에 하나둘씩 판매가 되었습니다. 이렇게 판매로 매출이 일어나면서 판매마진이 생기다 보니 전체적으로 마진폭이 늘어났던 케이스입니다.

이처럼 키워드 잡는 방법과 네이버 쇼핑 검색 광고 돌리는 방법만 제대로 알아도 같은 월매출 800만원이지만, 마진은 100만원에서 300만원으로 껑충 뛰게 됩니다.

스마트스토어에서 잘 파는 영업비밀은 여러분이 어떤 상품을 판매하든지 간에 적용하는 기본 법칙이나 방법은 동일합니다. 그렇기 때문에 기본 세팅을 배우고 그것을 자신의 쇼핑몰에 하나둘씩 적용하면서 실행하다 보면 결국 자신만의 블루오션을 찾게 됩니다.

 **평범한 그들이 보여준 성공사례**

여러분의 성공사례를 미리 시뮬레이션으로 예상해 보세요.
판매상품은? 하루 주문 건수? 월매출? 마진율? 월 예상 수입은?

작은 성공의 불씨는 이미 시작되었다

| 에필로그 |

제 삶의 터닝포인트는 스마트스토어를 시작하기 전과 후로 나눌 수 있습니다. 스마트스토어를 시작하기 전에는 돈이 없어서 배고팠고, 돈이 없어서 무시를 당했고, 돈이 없어서 자존심에 상처가 났고, 그래서 행복하지 않았습니다. 하지만 스마트스토어를 만나고 나서는 돈을 벌었고, 그 돈으로 시간을 사서 하고 싶은 일을 시작하게 되었고, 남에게 도움도 줄 수 있게 되었습니다. 무엇보다 성공한 많은 훌륭한 분들을 만나게 되면서 매일 성장하는 저 자신을 사랑할 수 있게 되어서 그 점이 눈물 나게 고마운 일이라서 너무 행복합니다.

인생에 대해서 아무것도 몰랐던 꽃다운 나이 19세에 '가수'라는 꿈을 좇아 기약 없는 미래에 쏟아부은 3년간의 노력이 결국 '실패'로 끝났을 때, 그때 '실패'는 온전히 아픈 상처였습니다. 하지만 지금 되돌아보면 '실패'는 좌절감을 안겨주는 아픈 상처이면서 동시에 '다른 길로 가보라'는 강렬한 삶의 메시지였다고 생각합니다.

저는 올해 28세로 지금까지 살아온 날보다 앞으로 살아갈 날이 훨씬 많은 여전히 꿈 많은 청년입니다. 앞으로 살아갈 그 많은 날 중에 얼마나 많은 실패를 경험할지 모르겠지만, 저는 실패가 더 이상 두렵지 않습니다. 왜냐하면 실패했다는 건 그만큼 시도하고 노력했다는 뜻이기도 하지만, 한편으로 성공하기에는 조금 모자라니 더 노력하라는 뜻이기 때문입니다. 실패했다는 건 이 길은 너의 길이 아니니 다른 길을 찾아가 보라는 뜻이기 때문입니다. 실패했다는 건 성공으로 가기 위해 누구나 기꺼이 지불해야 하는 삶의 레슨비이기 때문입니다.

그래서 저는 실패의 순간마다 이런 삶의 강력한 메시지를 겸손히 받아들이고 기꺼이 그 메시지대로 실행해 나갈 것입니다. 왜냐하면 그 결과로 한 단계 더 성장하고 발전한 저 자신의 모습이 선명하게 보이기 때문입니다.

가방끈 짧고 특별한 기술 없고 가진 것 없는 제가 기적적으로 스마트스토어를 만나고 나서 제 삶은 성장하고 발전하기 시작했습니다. 여러분의 삶도 이 책을 통해서, 스마트스토어를 통해서, 한 단계 더 성장하고 발전하기를 진심으로 바랍니다.

희망 없는 현실 속 작은 성공! 스마트스토어 월매출 4천만원
잘 파는 영업비밀 그대로 따라하기

초판 1쇄 발행　2020년 9월 7일
초판 2쇄 발행　2020년 9월 16일
지은이　　　　유예 향기

기획・편집　　김경아
디자인　　　　김미리
펴낸이　　　　김경아　　　　**펴낸곳**　　킴예스
등록번호　　　제2018-000248호
주소　　　　　서울시 강남구 남부순환로 2621
전화　　　　　070-8621-7732　ㅣ　팩스 02-6971-0602
이메일　　　　kimyesbooks@naver.com　ㅣ　블로그 blog.naver.com/kimyesbooks

ISBN 979-11-964849-4-1　　03320

이 책은 저작권법에 따라 보호를 받는 저작물이므로 무단전재 및 무단복제를 금지하며,
저작권자와의 계약에 의해 발행한 것이므로 킴예스의 서면 허락 없이는 어떠한 형태나 수단으로도 이 책의 전부 또는 일부 내용을 이용하지 못합니다.

이 도서의 국립중앙도서관 출판예정도서목록(CIP)은 서지정보유통지원시스템 홈페이지(http://seoji.nl.go.kr)와 국가자료종합목록 구축시스템(http://kolis-net.nl.go.kr)에서 이용하실 수 있습니다. (CIP제어번호 : CIP2020034601)

책값은 뒤표지에 표시되어 있습니다.
파본은 구입하신 서점에서 바꾸어 드립니다.